Caderno de Produção

Mapeando a Língua Portuguesa através das Artes

Caderno de Produção

Mapeando a Língua Portuguesa através das Artes

Patricia Isabel Sobral
Clémence Jouët-Pastré

focus an imprint of
Hackett Publishing Company, Inc.
Indianapolis/Cambridge

Our heartfelt appreciation to Fernando Santos for his meticulous work.

Caderno de Produção: Mapeando a Língua Portuguesa através das Artes
© 2014 Patricia Isabel Sobral, Clémence Jouët-Pastré

A Focus book

Focus an imprint of
Hackett Publishing Company
P.O. Box 44937
Indianapolis, Indiana 46244-0937

www.hackettpublishing.com

Cover Image: *Mural at Houston Street and Bowery*, New York City. Painted July 17, 2009 by Os Gemeos. Photograph by Shawn C. Hoke, used with permission.

All rights reserved.

22 21 20 19 18   2 3 4 5 6 7

Library of Congress Cataloging-in-Publication Data
Sobral, Patricia I. author.
 Caderno de produção : Mapeando a língua Portuguesa : através das artes / Patricia Isabel Sobral, Clémence Jouët-Pastré. — Corrected edition.
       pages cm
Text in Portuguese and English.
"A Focus book."
ISBN 978-1-58510-759-9 (pbk. : Student Workbook)
1. Portuguese language—Textbooks for foreign speakers—English. 2. Portuguese language—Grammar. 3. Portugal--Languages. I. Jouët-Pastré, Clémence II. Title.
PC5075.E5S63 2015
469.82'421—dc23   2015009513

The paper used in this publication meets the minimum requirements of American National Standard for Information Sciences—Permanence of Paper for Printed Library Materials, ANSI Z39.48–1984.

Sumário

Introdução	ix
Unidade 1: Mapeando o mundo das artes	**1**
Vocabulário	1
Gramática I: Presente do indicativo	8
Gramática II: Palavras interrogativas	14
Gramática III: Imperativo	19
Retomando a leitura	22
Diálogo	23
Vídeo	25
Chamada para a escrita	26
Unidade 2: Revelando através da fotografia	**27**
Vocabulário	27
Gramática I: Pretérito, perfeito e imperfeito	29
Gramática II: Comparativos e superlativos	33
Gramática III: O futuro e o condicional	38
Retomando a leitura	41
Diálogo	42
Vídeo	43
Chamada para a escrita	43
Unidade 3: Dança: a arte do efêmero	**45**
Vocabulário	45
Gramática I: Particípio passado e presente contínuo, voz passiva	47
Gramática II: Mas, mais e más	50
Gramática III: O mais-que-perfeito e os tempos compostos do indicativo	53
Retomando a leitura	58
Diálogo	58
Vídeo	59
Chamada para a escrita	60

Caderno de produção

Unidade 4: Música: no ritmo da língua — 61

- Vocabulário 61
- Gramática I: Presente do subjuntivo: usos e formas 63
- Gramática II: Pronomes pessoais dos casos reto e oblíquo 72
- Gramática III: Gerúndio 77
- Retomando a leitura 78
- Diálogo 79
- Vídeo 80
- Chamada para a escrita 81

Unidade 5: Pintura: labirinto de sonhos e lembranças — 83

- Vocabulário 83
- Gramática I: Imperfeito do subjuntivo 84
- Gramática II: Pronomes relativos 89
- Gramática III: Os porquês 95
- Retomando a leitura 98
- Diálogo 98
- Vídeo 100
- Chamada para a escrita 100

Unidade 6: Escultura e arquitetura: articulando linhas — 101

- Vocabulário 101
- Gramática I: Aumentativos e diminutivos 104
- Gramática II: Acento gráfico 108
- Gramática III: Futuro do subjuntivo 111
- Retomando a leitura 113
- Diálogo 113
- Vídeo 115
- Chamada para a escrita 116

Unidade 7: Poesia: a arte da concisão — 117

- Vocabulário 117
- Gramática I: Tempos compostos do subjuntivo 120
- Gramática II: Advérbios 125
- Gramática III: Crase 128

Retomando a leitura	130	
Diálogo	130	
Vídeo	132	
Chamada para a escrita	132	
Unidade 8: Teatro: a vida em cenas		**135**
Vocabulário	135	
Gramática I: Preposição e regência	136	
Gramática II: Infinitivo impessoal e pessoal	140	
Gramática III: Discurso direto e indireto	142	
Retomando a leitura	144	
Diálogo	145	
Vídeo	146	
Chamada para a escrita	147	
Unidade 9: Cinema: imagens em movimento		**149**
Vocabulário	149	
Gramática I: Plural	150	
Gramática II: Pronomes indefinidos	155	
Gramática III: Pronomes demonstrativos e advérbios de lugar	157	
Retomando a leitura	160	
Diálogo	161	
Vídeo	162	
Chamada para a escrita	163	
Unidade 10: Literatura e crítica literária: Palavras dançando entre as folhas		**165**
Vocabulário	165	
Gramática I: Conjunções	168	
Gramática II: Verbos de ligação	171	
Gramática III: Concordância nominal e verbal	173	
Retomando a leitura	176	
Diálogo	176	
Vídeo	178	
Chamada para a escrita	179	

Caderno de produção

Unidade 11: Artesanato, tecelagem e artefato — 181

- Vocabulário 181
- Gramática I: Verbos reflexivos e recíprocos........................ 181
- Gramática II: Modais 183
- Gramática III: Cognatos 185
- Retomando a leitura 187
- Diálogo... 187
- Vídeo 190
- Chamada para a escrita... 190

Unidade 12: A arte de ser no mundo de língua portuguesa — 191

- Revisão da gramática e do vocabulário 191
- Retomando a leitura 198
- Diálogo... 199
- Vídeo 199
- Chamada para a escrita... 200

Introdução

Caderno de produção

Este caderno de produção deve ser usado junto com o livro-texto, *Mapeando a Língua Portuguesa através das Artes*. O caderno é parte integrante do programa, sendo, portanto, indispensável para o melhor aproveitamento do curso. Embora o/a professor/a é quem vai decidir exatamente como usar o caderno de produção, apresentamos a seguir sua estrutura e algumas explicações sobre ela.

Primeiramente, antes de começar a utilizar o caderno de produção, compre um caderno com pauta ou sem pauta para poder completar os exercícios que exigem respostas mais longas ou ensaios. Esse caderno deve acompanhar o caderno de produção, e qualquer exercício que tenha uma pergunta sem espaço para a resposta deve ser feito no caderno. De preferência, compre um caderno que você possa usar ao longo do curso. Você também poderá criar um "caderno" eletrônico, se preferir. Certifique-se apenas de que você tem de fato um caderno e não somente folhas avulsas, sejam elas de papel ou eletrônicas.

Com exceção da unidade 12, que tem uma estrutura diferente, as unidades apresentam a seguinte estrutura:

Vocabulário

Retoma e amplia o vocabulário da unidade. Há uma série de exercícios de múltipla escolha, identificação, perguntas, entrevistas, pesquisas na internet, biografias e microensaios.

Gramáticas I, II, III

Retoma o ponto gramatical de cada unidade com explicações, tabelas (quando necessário) e exemplos. Há também exercícios para poder praticar mais a gramática e consolidar os conceitos.

Retomando a leitura

Como os textos do livro-texto são muito ricos, vamos explorá-los novamente e aprofundar a compreensão dos temas levantados. Nesta seção, você vai reler um ou os três textos do livro-texto e responder às perguntas apresentadas no caderno de produção.

Diálogo

Os diálogos desta seção contextualizam a temática da unidade e usam a linguagem cotidiana empregada em conversas informais. Os diálogos são sempre seguidos de perguntas relacionadas a eles.

Vídeo

Cada unidade tem uma ou mais entrevistas com pessoas do mundo das artes. Para poder responder às perguntas, você terá de assistir ao vídeo na íntegra. O vídeo está no website do curso:

http://www.hackettpublishing.com/Resource_Pages/Mapeando/Audio_Video.html.

Chamada para a escrita

Aqui há sugestões para ensaios/projetos sobre o tema da unidade. Você deve escolher uma das opções apresentadas e desenvolvê-la.

Como mencionado, a unidade 12 difere um pouco das outras unidades. Não existe uma seção de vocabulário propriamente dita. Além do mais, a gramática dessa unidade – que, na realidade, se compõe de ditados populares e do léxico do mundo de fala portuguesa – está inserida na revisão dos pontos gramaticais vistos ao longo do livro-texto. No mais, a unidade segue a estrutura das outras. Na seção de diálogo a proposta de trabalho é um pouco diferente, pois agora será a sua vez de ser criativo.

Uma pequena observação com relação à geografia, especialmente os mapas. Vários exercícios do caderno pedem que você localize um país ou uma cidade no mapa. Quando isso acontecer, você pode procurar na internet ou num atlas de papel.

O caderno de produção pode ser utilizado de inúmeras maneiras. Siga a orientação do/a professor/a, que definirá o caminho a ser seguido e como usar o material para obter o melhor aproveitamento possível.

Uma vez mais, você vai viajar pelo rico universo das artes e das culturas de fala portuguesa. Agora, dispondo de um amplo leque de oportunidades de criar e produzir em português.

Boa viagem!

Unidade 1

Mapeando o mundo das artes

VOCABULÁRIO

PAÍSES E ADJETIVOS PÁTRIOS

Observações: em português, a maioria dos países precisa de artigo. Os adjetivos pátrios são grafados em letras minúsculas.

América do Sul

o Brasil	brasileira, brasileiro
a Argentina	argentina, argentino
o Chile	chilena, chileno
o Peru	peruana, peruano
o Uruguai	uruguaia, uruguaio
o Equador	equatoriana, equatoriano
a Colômbia	colombiana, colombiano
a Bolívia	boliviana, boliviano
a Venezuela	venezuelana, venezuelano
o Paraguai	paraguaia, paraguaio
o Suriname	surinamense

América Central

a Guatemala	guatemalteca, guatemalteco
a Nicarágua	nicaraguense
o Panamá[1]	panamenha, panamenho
El Salvador	salvadorenha, salvadorenho
a Costa Rica	costarriquenha, costarriquenho
Porto Rico	porto-riquenha, porto-riquenho
a Jamaica	jamaicana, jamaicano
Cuba	cubana, cubano
Honduras	hondurenha, hondurenho
República Dominicana	dominicana, dominicano
Haiti	haitiana, haitiano
Belize	belizenha, belizenho

---

1   Nota: o Panamá, o Canadá: palavras terminando em *a* com acento na última sílaba são masculinas.

Caderno de produção   Mapeando o mundo das artes

América do Norte

o México	mexicana, mexicano
os Estados Unidos	americana (o), estadunidense
o Canadá	canadense BP, canadiano (a) EP

Europa

Portugal	portuguesa, português
a Espanha	espanhola, espanhol
a França	francesa, francês
a Bélgica	belga
a Alemanha	alemã, alemão
a Holanda	holandesa, holandês
a Dinamarca	dinamarquesa, dinamarquês
a Noruega	norueguesa, norueguês
a Suécia	sueca, sueco
a Suíça	suíça, suíço
a Polônia	polonesa, polonês
a Itália	italiana, italiano
a Inglaterra	inglesa, inglês
a Escócia	escocesa, escocês
a Irlanda	irlandesa, irlandês
a Rússia	russa, russo
a Grécia	grega, grego
a Estônia	estoniana, estoniano

África

Angola	angolana, angolano
Moçambique	moçambicana, moçambicano
São Tomé e Príncipe	são-tomense
Cabo Verde	caboverdiana(o) ou cabo-verdiana(o)
Gana	ganense
a Guiné	guineense
o Mali	malinês, malinesa
a Nigéria	nigeriana, nigeriano
a Argélia	argelina, argelino
o Marrocos	marroquino, marroquina
a Etiópia	etíope
o Sudão	sudanesa, sudanês

o Zaire	zairense
o Zimbábue	zimbabuana, zimbabuano
o Egito	egípcia, egípcio
a África do Sul	sul-africana, sul-africano
a Somália	somali

Oriente Médio

a Arábia Saudita	árabe-saudita, saudita
a Síria	síria, sírio
a Jordânia	jordaniana, jordaniano
Israel	israelense
o Irã	iraniana, iraniano
o Iraque	iraquiana, iraquiano
o Líbano	libanesa, libanês

Ásia

a Índia	indiana, indiano
o Paquistão	paquistanesa, paquistanês
a China	chinesa, chinês
o Japão	japonesa, japonês
a Coréia (do Sul, do Norte)	coreana (sul-, norte-), coreano (sul-, norte-)
o Vietnã	vietnamita

1-1. Responda às seguintes perguntas.

a. De onde você é?

b. Você tem irmãos? Quantos? Onde eles nasceram?

c. Qual é a nacionalidade do seu/sua melhor amigo/a?

d. Qual é a nacionalidade do seu pai? E da sua mãe?

e. Com quem você mais se parece na sua família?

f. O que você sabe fazer muito bem?

g. Você tem algum dom artístico?

h. Você conhece algum artista de destaque? Quem?

i. Quantas vezes por mês você vai ao cinema/teatro/galeria de arte etc.?

j. Você perde a hora com facilidade?

1-2. Países e nacionalidades.

a. Onde aconteceram os últimos Jogos Olímpicos?
País: _____ Nacionalidade dos cidadãos: _____ Língua(s) falada(s)_____

b. Um dos mais famosos museus de antropologia encontra-se neste país da América do Norte.
País: _____Nacionalidade dos cidadãos: _____ Língua(s) falada(s)_____

c. Este país tem um dos museus mais conhecidos do mundo e fica na Europa. Nele se fala uma das línguas irmãs do português, do espanhol e do italiano.
País: _____Nacionalidade dos cidadãos: _____ Língua(s) falada(s)_____

d. Um rio famoso passa no centro da cidade de Londres, capital deste país.
País _____Nacionalidade dos cidadãos: _____ Língua(s) falada(s)_____

e. Este país tem uma praça enorme que se chama Praça Vermelha.
País_____Nacionalidade dos cidadãos: _____ Língua(s) falada(s)_____

f. Este país se encontra na África e um dos seus ex-presidentes passou muitos anos na prisão.
País: _____Nacionalidade dos cidadãos: _____ Língua(s) falada(s)_____

g. Este país é o berço da filosofia. Os primeiros Jogos Olímpicos aconteceram ali.
País _____Nacionalidade dos cidadãos: _____ Língua(s) falada(s)_____

h. Este país fica na África. Um dos seus escritores mais famosos se chama Mia Couto.
País _____Nacionalidade dos cidadãos: _____ Língua(s) falada(s)_____

i. Agora escolha um país e dê dicas de acordo com os exercícios acima.
País _____Nacionalidade dos cidadãos: _____ Língua(s) falada(s)_____

Profissões nas Artes

Profissão	Campo
Arquiteto/a	Arquitetura
Ator/atriz	Cinema, teatro, televisão
Bailarino/a	Dança
Cantor/a	Música
Ceramista	Cerâmica
Cineasta	Cinema
Crítico/a de arte, teatro, cinema etc.	Crítica de arte, teatro, cinema etc.
Escritor/a	Literatura
Escultor/a	Escultura
Fotógrafo/a	Fotografia
Músico/a	Música
Pianista	Música
Pintor/a	Pintura

1-3. Escolha duas das profissões acima e faça cinco perguntas sobre cada profissão. Por exemplo: Bailarino – Quantas horas você dança por dia?

a. _____
b. _____
c. _____
d. _____
e. _____

a. _____
b. _____
c. _____
d. _____
e. _____

Caderno de produção Mapeando o mundo das artes

1-4. **Identifique o que cada artista abaixo precisa para fazer o seu trabalho.**

   a. Um/a pintor/a precisa de _____

   b. Um/a fotógrafo/a precisa de _____

   c. Um/a arquiteto/a precisa de _____

   d. Um/a ator/atriz precisa de _____

   e. Um/a escultor/a precisa de _____

NACIONALIDADES E PAÍSES

1-5. **Escolha um país da América do Sul, América Central, América do Norte, Ásia, África, Europa e Oriente Médio. Encontre um artista de cada um desses países, escreva a nacionalidade do/da artista e com que tipo de arte ele/ela trabalha.**

   a. País _____
   Nacionalidade _____
   Artista_____

   b. País _____
   Nacionalidade _____
   Artista_____

   c. País _____
   Nacionalidade _____
   Artista_____

   d. País _____
   Nacionalidade _____
   Artista_____

   e. País _____
   Nacionalidade _____
   Artista_____

   f. País _____
   Nacionalidade _____
   Artista_____

   g. País _____
   Nacionalidade _____
   Artista_____

1-6. Descubra um artista famoso de cada um dos países abaixo e escreva sua nacionalidade e o que ele ou ela faz.

a. Cuba _____

b. Itália _____

c. Estados Unidos _____

d. Japão _____

e. Cabo Verde _____

f. Rússia _____

g. México _____

h. Israel _____

i. Chile _____

j. Índia _____

1-7. Artistas famosos. Preencha a lista de artistas e suas respectivas nacionalidades.

a. Rodin era um _____ _____

b. Emily Dickinson era uma _____ _____

c. Camille Claudel era uma _____ _____

d. Fernanda Montenegro é uma _____ _____

e. Pepetela é um _____ _____

f. James Franco é um _____ _____

g. Mozart era um _____ _____

h. Lang Lang é um _____ _____

i. Frida Kahlo era uma _____ _____

1-8. Faça uma lista dos cinco países pelos quais você mais se interessa e de seus adjetivos pátrios. Depois descreva qual a razão do interesse por esses países.

a. _____

b. _____

c. _____

d. _____

e. _____

Caderno de produção Mapeando o mundo das artes

1-9. Agora, encontre cinco artistas que você admira. Dê o nome dos artistas, país de origem, arte que produzem e pelo menos uma razão pela qual você se interessa por eles/elas.

a. _____

b. _____

c. _____

d. _____

e. _____

Gramática I

Presente do indicativo

No presente do indicativo existem verbos regulares, irregulares e com alternância vocálica e consonantal.

Verbos regulares

	PINTAR	ESCREVER	ASSISTIR
eu	pinto	escrevo	assisto
tu	pintas	escreves	assistes
ela/ele, você	pinta	escreve	assiste
nós	pintamos	escrevemos	assistimos
elas/eles, vocês	pintam	escrevem	assistem

Verbos irregulares

	DAR	ESTAR	FAZER	IR	PÔR	DIZER
eu	dou	estou	faço	vou	ponho	digo
tu	dás	estás	fazes	vais	pões	dizes
ela/ele, você	dá	está	faz	vai	põe	diz
nós	damos	estamos	fazemos	vamos	pomos	dizemos
elas/eles, vocês	dão	estão	fazem	vão	põem	dizem

	QUERER	SER	VER	VIR	TER	PODER
eu	quero	sou	vejo	venho	tenho	posso
tu	queres	és	vês	vens	tens	podes
ela/ele você	quer	é	vê	vem	tem	pode
nós	queremos	somos	vemos	vimos	temos	podemos
elas/eles vocês	querem	são	veem	vêm	têm	podem

Caderno de produção Mapeando o mundo das artes

Verbos com alternância vocálica

E → I

	SENTIR	COMPETIR	PREFERIR	SUGERIR
eu	sinto	compito	prefiro	sugiro
tu	sentes	competes	preferes	sugeres
ela/ele/ você	sente	compete	prefere	sugere
nós	sentimos	competimos	preferimos	sugerimos
elas/eles/ vocês	sentem	competem	preferem	sugerem

Observação: outros verbos importantes que seguem esse paradigma são **consentir, mentir, repetir, servir, vestir.**

O → U

	DORMIR	COBRIR	DESCOBRIR	TOSSIR
eu	durmo	cubro	descubro	tusso
tu	dormes	cobres	descobres	tosses
ela/ele/você	dorme	cobre	descobre	tosse
nós	dormimos	cobrimos	descobrimos	tossimos
elas/eles/ vocês	dormem	cobrem	descobrem	tossem

Verbos em EAR trocam o "a" pelo "i". Exceção: forma "nós".
Outros verbos: **Frear**: freio, freias, freia, freamos, freiam; **Recear**: receio, receias, receia, receiam

EAR → EI

	PASSEAR
eu	passeio
tu	passeias
ela/ele/ você	passeia
nós	passeamos
elas/eles/ vocês	passeiam

Verbos em IAR trocam o "i" pelo "e". Exceção: forma "nós."
Outros verbos: **ansiar, intermediar, mediar, remediar.**

IAR → EI

	ODIAR
eu	odeio
tu	odeias
ela/ele/ você	odeia
nós	odiamos
elas/eles/ vocês	odeiam

Verbos com alternância consonantal

	OUVIR	PEDIR	PERDER	PODER
eu	ouço	peço	perco	posso
tu	ouves	pedes	perdes	podes
ela/ele/você	ouve	pede	perde	pode
nós	ouvimos	pedimos	perdemos	podemos
elas/eles/vocês	ouvem	pedem	perdem	podem

	REAGIR	CONHECER	MERECER
eu	reajo	conheço	mereço
tu	reages	conheces	mereces
ela/ele/você	reage	conhece	merece
nós	reagimos	conhecemos	merecemos
elas/eles/vocês	reagem	conhecem	merecem

1-10. Preencha as lacunas abaixo com os verbos entre parênteses no presente do indicativo.

Uma família artística

Em minha família todos _____ (ser) apaixonados por arte. Nós _____ (ser) três filhos e mais meu pai e minha mãe. Cada um _____ (ter) uma inclinação artística diferente. Nossa mãe _____ (ser) fotógrafa profissional. Ela _____ (tirar) fotografias da natureza pelo mundo todo que _____ (sair) em revistas nacionais e internacionais. Meu pai _____ (escrever) diariamente, mas _____ (publicar) pouco. O meu irmão mais velho, Arnaldo, _____ (tocar) na orquestra da nossa cidade. Ele _____ (viajar) pelo menos três meses por ano e sempre _____ (trazer) muitas lembrancinhas para todos nós. Meu irmão caçula, Tiago, _____ (ser) pintor amador. Ele _____ (fazer) exposições para arrecadar fundos para instituições de caridade. Eu _____ (querer) ser bailarina profissional, então _____ (ter) uma rotina muito puxada.

Eu sempre _____ (acordar) às cinco e meia da manhã. Eu _____ (tomar) uma vitamina e _____ (comer) uma fatia de pão integral com queijo minas. Às seis e meia, eu _____ (pegar) um táxi para fazer aulas de dança.

O meu irmão, Arnaldo, _____ (ter) uma rotina semelhante quando _____ (estar) na cidade. Ele _____ (levantar) cedo e _____ (ler) o jornal enquanto _____ (tomar) o café da manhã, ou, melhor dizendo, apenas um café preto. Até aos domingos ele _____ (ensaiar).

O Tiago já _____ (ter) uma vida completamente diferente. Ele _____ (ser) engenheiro de alimentos e _____ (pintar) somente nas horas vagas. Ele e os amigos _____ (sair) muito à noite. Um dos seus amigos sempre _____ (vir) buscá-lo em casa e aí eles todos _____ (decidir) o que _____ (ir) fazer. Às vezes, eles _____ (fazer) ginástica juntos numa academia perto da nossa casa. Muitas vezes eles simplesmente _____ (bater) papo.

Minha mãe _____ (observar) tudo ao seu redor. Ela _____ (ver) tudo como uma possível fonte de inspiração. Ela _____ (saber) encontrar o melhor ângulo para qualquer fotografia.

O meu pai _____ (interagir) com o mundo através das palavras. Ele _____ (querer) sempre achar a palavra mais adequada para o texto. A sua escrita _____ (comover) e ao mesmo tempo _____ (desafiar).

Os meus pais _____ (gostar de) ficar juntos. Eles _____ (compartilhar) quase tudo. Ambos _____ (preferir) ficar em casa a sair e _____ (ouvir) música. Algumas noites, eles _____ (pedir) pizza e _____ (assistir) a um filme.

Minha família, quando _____, (poder) se reúne aos domingos. Minha mãe e o meu irmão caçula _____ (cozinhar), o Arnaldo _____ (pôr) a mesa e eu e meu pai _____ (declamar) poesia. Minha mãe sempre _____ (aproveitar) para tirar muitas fotos. Esses domingos _____ (refletir) o espírito comunitário e artístico da minha família.

Caderno de produção Mapeando o mundo das artes

1-11. Preencha as lacunas das sentenças abaixo. Todos os verbos devem estar no presente do indicativo.

a. Você _____ (saber) que eu _____ (saber) que ele _____ (perder) o sono toda vez que eu _____ (perder) a minha paciência durante o ensaio!?

b. Eu _____ (pedir) perdão pelo que fiz, mas eu nunca _____ (medir) minhas palavras, sobretudo quando estou nervosa com uma estreia.

c. Parece novela de TV: — Eu _____ (valer) muito, diz a atriz na telinha. Eu _____ (ouvir) essas palavras melodramáticas e não _____ (caber) em mim de tanto rir!

d. Ao final dos concertos, os violoncelistas se _____ (despedir) sempre com muita formalidade. Eu não sou uma pessoa de cerimônia, portanto, ao contrário dos meus colegas, me _____ (despedir) mais informalmente.

e. Há atores que transmitem tão bem as emoções que eu _____ (sentir) o que eles _____ (sentir). Eu, que não _____ (mentir), muitas vezes não percebo quando eles _____ (mentir).

f. Eu sempre _____ (cair) no palco. Aí minha perna _____ (doer) e _____ (concluir) que sou mesmo uma bailarina desastrada!

g. Eu _____ (ver) que vocês não _____ (ver) que ela, por ser atriz, _____ (querer) chamar a sua atenção de todas as maneiras possíveis.

h. Ele nunca _____ (dizer) nada sobre os filmes a que assiste, mas eu _____ (saber) que ele sempre _____ (ler) todas as críticas. Eu nunca _____ (ler) as críticas. Eu _____ (dizer) aos outros que eu _____ (ter) a minha própria opinião.

i. Quem _____ (rir) à toa? Eu _____ (rir) quando vendo um quadro.

j. Eu _____ (dar) tudo para você, meu amorzinho. Eu _____ (pôr) o mundo aos seus pés peludinhos e fofinhos e _____ (trazer) pequenas delícias para você todos os dias das suas sete vidas. Então, você _____ (vir) comigo? Sim, eu _____ (ir) — miau!!

1-12. Construa um diálogo sem pé nem cabeça no presente do indicativo com um mínimo de oito dos verbos listados abaixo:

crer, fazer, perder, ouvir, ser, dormir, despedir, sair, concluir, estar, subir, querer, ver, tossir, tomar, saber, trazer, cair, pôr, poder

_____

_____

_____

Caderno de produção Mapeando o mundo das artes

1-13. No Brasil houve uma grande imigração japonesa no início do século XX. Em sua bagagem os imigrantes trouxeram várias formas de expressão artística, dentre elas o haicai. Trata-se de uma forma poética que valoriza a concisão. O haicai tradicional tem três linhas e dezessete sílabas. Tomando como modelo o haicai de Shuhei Uestsuka, escreva pelo menos dois haicais. É necessário que os haicais tenham três linhas, mas não obrigatoriamente dezessete sílabas. Lembre-se de usar os verbos no presente do indicativo.

Exemplo de um haicai escrito:

A nau imigrante
chegando: vê-se lá do alto
a cascata seca.

Shuhei Uestsuka, 1908

Sugestões de verbos: dar, dizer, vir, ver, saber, seguir, fugir, engolir, ser, doer, caber, valer, ler, rir, poder, sentir.

a. _____

b. _____

1-14. Usando os verbos a seguir, descreva o que você faz ou não faz todos os dias:

andar, comer, correr, estudar, cantar, dormir, tomar banho, beber, assistir, escutar, conversar, fazer, decidir, dançar, pintar, escrever, desenhar, tirar fotografias

a. _____
b. _____
c. _____
d. _____
e. _____
f. _____
g. _____
h. _____

1-15. Use os verbos a seguir para responder às perguntas abaixo em frases completas:

repetir, dormir, tossir, seguir, mentir, preferir, sugerir, cobrir, descobrir, servir

a. Quando você está no cinema, você se chateia se alguém tosse?

b. Você dorme às vezes no cinema ou assistindo à televisão?

c. Você segue os críticos de literatura, cinema ou televisão ou você segue o seu próprio pensamento?

d. Você se serve de comida quando está na casa de amigos? Você serve os outros quando eles estão na sua casa?
e. Você prefere comer sozinho ou comer com os outros?
f. Qual atividade voltada às artes você prefere fazer sozinho e qual atividade você prefere fazer com outras pessoas?
g. O que você descobre quando abre os olhos todas as manhãs?
h. Tem alguma situação em que você mente?
i. Tem algum movimento e/ou palavra que você repete? Qual é?

Gramática II

Palavras interrogativas

Para obtermos informações precisas, utilizamos as seguintes palavras interrogativas:

Quem = who

Quem dá aulas de piano para você? A Ludmilla me dá aulas de piano.

De quem = whose

De quem é este livro? É da Helena.

Para quem = for whom

Para quem você trabalha? Trabalho para um escultor famoso.

Com quem = with whom

Com quem você estuda? Estudo com meus colegas.

Que + noun = what/which; se refere a objetos e pessoas

Que línguas você fala? Falo espanhol e português.

Que professor você prefere? Prefiro o de cinema.

(O) que + verb = what; se refere a objetos e/ou situações e ambos são seguidos por verbos.

O que é isto? É o meu novo computador.

O que você acha desta (= de + esta) situação? Acho que é muito complicada.

Quando = when

Quando eles chegam? Acho que chegam amanhã.

Onde = where

Dona Luísa, onde a senhora mora? Moro em São Paulo.

Onde vocês trabalham? Trabalhamos em uma galeria de arte.

Qual (plural "Quais") = which; pode ser seguido de verbo ou substantivo. É diferente de "que" em termos de ênfase e escolha. Veja que nos próximos exemplos há uma escolha a ser feita:

Qual é o livro da Maria? É o de desenho artístico.

Quais flores você prefere? Prefiro estas.

De onde = from where

De onde você é? Sou da França, de Paris.

Aonde, para onde = where to (para onde exprime mais permanência)

Aonde você vai? (Where are you going)? Vou ao Museu de Belas Artes.

Para onde você vai depois da formatura? Vou para o Brasil. Tenho um emprego lá.

Por que = why[2]

Por que você estuda português? Porque quero visitar Portugal, Angola e o Brasil.

Para que = what for, com que propósito

Para que você quer uma caneta? Para escrever um poema para o meu namorado.

Como = how

Como são os seus alunos? Felizmente são super inteligentes.

Como ele toca piano? Toca muito bem.

Quanto = how much/ how many; antes de um substantivo tem de concordar em número e gênero. (quanto, quanta, quantos, quantas)

Quanto você ganha? Infelizmente ganho uma miséria.

Quantas pessoas moram com você? Três.

É muito comum usar "é que" depois de uma palavra interrogativa. Portanto, a pergunta se torna mais coloquial, mas não muda o sentido da frase.

Onde é que você mora? Moro em Los Angeles.

Quem é que chega amanhã? A Marta.

Por que é que você estuda piano? Porque adoro Villa-Lobos.

Quanto é que custa este piano de cauda? Uma fortuna.

Uma expressão coloquial muito usada é "cadê" (uma contração de "o que há de" que quer dizer "what has happened to") para perguntar onde está "where is" (uma pessoa, um animal ou um objeto):

Cadê a Maria? Está na Itália.

Cadê o seu livro? Está em casa.

Cadê minha partitura? Está ao lado do piano.

---

[2] Nota: por que = why, porque = because

1-16. Preencha as lacunas com palavras interrogativas e depois responda às perguntas.

a. _____ você trabalha tanto?
   _____.

b. _____ você gosta de estudar?
   _____.

c. _____ é que custa uma passagem de avião para Maputo?
   _____.

d. _____ são os seus pais?
   _____.

e. _____ você vai para Nova York?
   _____.

f. _____ são esses CDs todos? Eu gostaria de ter uma coleção assim.
   _____.

g. _____ escritores você prefere?
   _____.

h. _____ mora aqui? Algum artista?
   _____.

1-17. Construa perguntas que se adequem às respostas abaixo.

a. _____
   O João foi ao concerto com os amigos.

b. _____
   Os meus pincéis novos são excelentes.

c. _____
   Meu instrumento preferido é o clarinete.

d. _____
   Não, não gosto de livros de terror.

e. _____
   No próximo fim de semana vou acampar do lado de fora do estádio para conseguir ingressos para o show do Caetano Veloso.

f. _____
   Eu gosto mais de teatro do que de cinema, pois é ao vivo.

g. _____
   Sim, vou ao museu ver a exposição da Adriana Varejão.

h. _____
   Este quadro é da Tarsila do Amaral.

Caderno de produção   Mapeando o mundo das artes

1-18. Observe o exemplo abaixo e, em seguida, faça perguntas usando as interrogativas sugeridas.

Exemplo: Com quem

Com quem você gosta de ir ao cinema?

Com minhas primas.

a. De quem:

b. Quando:

c. Onde:

d. Qual (plural "Quais"):

e. Por que:

1-19. Entreviste um/a artista e, se possível, faça uma gravação. Faça ao menos oito perguntas.

a.
b.
c.
d.
e.
f.
g.
h.

Caderno de produção Mapeando o mundo das artes

1-20. Leia abaixo o poema *Canção do exílio* (1846), de Gonçalves Dias, que se tornou um verdadeiro símbolo nacional. Usando as interrogativas, faça perguntas sobre o poema.

Canção do exílio

"Kennst du das Land, wo die Zitronen blühen,
Im dunkeln die Gold-Orangen glühen,
Kennst du es wohl? — Dahin, dahin!
Möcht ich... ziehn."

Minha terra tem palmeiras
Onde canta o sabiá.
As aves que aqui gorjeiam
Não gorjeiam como lá.
Nosso céu tem mais estrelas,
Nossas várzeas têm mais flores.
Nossos bosques têm mais vida,
Nossa vida mais amores.
Em cismar, sozinho, à noite,
Mais prazer encontro eu lá.
Minha terra tem palmeiras
Onde canta o sabiá.
Minha terra tem primores
Que tais não encontro eu cá;
Em cismar – sozinho, à noite –
Mais prazer encontro eu lá.
Minha terra tem palmeiras
Onde canta o sabiá.
Não permita Deus que eu morra
Sem que eu volte para lá;
Sem que desfrute os primores
Que não encontro por cá;
Sem qu'inda aviste as palmeiras
Onde canta o sabiá.

Agora, faça ao menos cinco perguntas sobre este poema.

a. _____
b. _____
c. _____
d. _____
e. _____

Gramática III

Imperativo

As formas de ambos os imperativos, ou seja, o afirmativo e o negativo, coincidem quase que totalmente com as do presente do subjuntivo. Observe os quadros abaixo e reflita.

Imperativo afirmativo

Presente do subjuntivo	Imperativo afirmativo
(eu) encene	----------
(tu) encen**ES**	encen**A**
(ele/a) encene	encene
(nós) encenemos	encenemos
(eles/elas) encenem	encenem

Imperativo negativo

Presente do subjuntivo	Imperativo negativo
(eu) encene	----------
(tu) encen**ES**	não encen**ES**
(ele/a) encene	não encene
(nós) encenemos	não encenemos
(eles/elas) encenem	não encenem

Em português coloquial do Brasil, ou seja, na língua falada, mais informal, mesmo que os interlocutores estejam usando "você" no imperativo, os falantes conjugam o verbo como se fosse a forma "tu". Por exemplo:

Coloquial: Margarete, fala mais baixo. Você está incomodando o teatro inteiro.

Formal: Margarete, fale mais baixo. Você está incomodando o teatro inteiro.

Na língua escrita, esse fenômeno tende a ocorrer somente na reprodução de diálogos.

Formas irregulares

Existem somente seis imperativos irregulares:

Dar — dá/dê, não dês/não dê

Estar — está/esteja, não estejas/não esteja

Haver — há/haja, não hajas/não haja

Querer — quer/queira, não queiras/não queira

Saber — sabe/saiba, não saibas/não saiba

Ser — sê/seja, não seja/ não seja

Exemplos: Seja feliz! Dê um beijo!

1-21. Cozinha mineira. Em todo o Brasil, Minas Gerais é conhecido por sua excelente culinária. Docinhos, bolinhos, queijos e doce de leite são algumas de suas especialidades, e, dentre elas, não podemos deixar de mencionar o delicioso pão de queijo. Temos abaixo transcrita a receita do famoso quitute. Leia atentamente e, antes de prepará-la, execute a tarefa abaixo. Sublinhe os verbos que estão no imperativo.

Pão de queijo

Ingredientes
- 1/2 copo de óleo
- 1 copo de leite
- 3 ovos
- 250 gr de queijo curado ralado
- 1/2 kg de polvilho doce
- 1 colher de sopa rasa de sal

Modo de preparo

Coloque o polvilho e o sal em uma bacia.
Em fogo alto, ferva o óleo e o leite juntos.
Desligue o fogo.
Aos poucos, misture a parte líquida e a sólida.
Mexa bem, com o auxílio de uma colher de pau.
Acrescente os ovos, um a um, até que a massa fique meio mole.
Deixe a colher de lado e trabalhe a massa com as mãos.
Acrescente o queijo.
Continue a trabalhar a massa até ela ficar solta e fácil de moldar.
Faça bolinhas do tamanho desejado.
Coloque-as separadas umas das outras, em uma assadeira sem untar.
Asse em forno médio, pré-aquecido, por cerca de 30 minutos.
Retire os pães de queijo do forno assim que começarem a dourar.
Coloque-os em um prato ou em uma cestinha.
Sirva os pães de queijo quentinhos.

1-22. **A receita acima tem os verbos no imperativo. Mas essa não é a única maneira de escrever receitas em português. As receitas podem ser perfeitamente dadas no infinitivo. Passe todos os verbos que você sublinhou para o infinitivo.**

_____

_____

_____

1-23. **No Brasil é impensável uma festa de aniversário de criança sem brigadeiro. Antes de saborear essa deliciosa iguaria, examine os verbos que estão no final do "modo de preparo". Passe-os para o imperativo e ache o lugar deles dentro da receita.**

Brigadeiro

Ingredientes
- 1 colher de manteiga
- 2 latas de leite condensado
- 4 colheres de chocolate em pó
- 1 xícara de chocolate granulado

Modo de preparo

_____ em uma panela de fundo grosso o leite condensado, a manteiga e o chocolate em pó.
_____ bem até _____ tudo.
Leve ao fogo médio e _____ sem parar com uma colher de pau.
_____ até que a massa _____ a se _____ do fundo da panela.
_____ massa para um prato untado com manteiga.
_____ os brigadeiros em forminhas

Não se esqueça de colocar os verbos pertinentes no imperativo. Há verbos que precisarão ser usados mais de uma vez:

deixar, colocar, misturar, levar, mexer, untar, cozinhar, unir, começar, desprender, envolver, incorporar, passar, esfriar, fazer

1-24. **Preencha as lacunas da carta abaixo.**

Querido filho,

Por favor, (fazer) _____ o almoço: (preparar) _____ um suco, (fritar) _____ os bifes; (cozinhar) _____ as batatas; (ferver) _____ a água para colocar no arroz; (mexer) _____ bem o molho do macarrão; (descascar) _____ os ovos; (cortar) _____ os tomates; (pôr) _____ a mesa e (servir) _____ tudo antes de eu chegar!

Beijos,

Papai

Caderno de produção   Mapeando o mundo das artes

1-25. **Imagine que você pode dar ordens aos outros. Dê quatro exemplos de ordens que você daria a alguém ou aos habitantes do mundo. Use o IMPERATIVO!!**

   a. _____

   b. _____

   c. _____

   d. _____

1-26. **Imagine que você é curador de um museu. Você e os seus funcionário estão montando uma exposição. Dê cinco ordens aos funcionários usando os seguintes verbos no modo imperativo:** *fazer, levar, ter, pôr, ser, colar, trazer, fechar, abrir, pendurar, pregar, colocar, segurar.*

Retomando a leitura

1-27. **Releia o texto "O Parque da Capivara e suas pinturas rupestres" e responda às questões abaixo.**

   a. Onde se encontra a Serra da Capivara? Estado, região etc.

   b. Em que outros locais do mundo há pinturas rupestres?

   c. Quais eram os significados e as funções das pinturas rupestres?

   d. Por que a pintura rupestre não precisa necessariamente de tradução?

   e. Pamela Petro fala, no fim do texto, sobre "uma corrente cujos elos rumam à identidade antes no tempo do que no espaço". O que ela quer dizer com isso?

Diálogo

A arte no cotidiano

1-28. Leia atentamente o diálogo abaixo e responda às perguntas sobre o mesmo.

Diálogo I. Carlos, português de Trás-os-Montes e há muito tempo radicado no Brasil, e Marina, de São Paulo, estão fazendo pós-graduação em Nova York. Os dois têm paixão pela arte e estão conversando ao telefone para decidir o que vão fazer neste fim de semana.

Marina:	Vamos ao cinema, Carlos? Tem um novo documentário passando que parece interessante.
Carlos:	Sempre vamos ao cinema. Podemos fazer outra coisa? Sei que tem uma exposição de fotografia latino-americana no Guggenheim que abre amanhã. Você quer ir?
Marina:	Quero sim, mas também gostaria de fazer alguma coisa hoje à noite.
Carlos:	O que você quer fazer? Pense bem, pois já não temos muito tempo para decidir.
Marina:	Não me apresse! Assim não consigo pensar. Bem, tem uma pequena galeria no Brooklyn com uma exposição de cerâmica muito interessante e bem contemporânea. Podemos ir lá e depois vamos dançar.
Carlos:	Corra então para o metrô e nos encontramos lá, está bem?
Marina:	Legal! Aliás, você sabe onde fica essa galeria?
Carlos:	Sei sim. E quem é a ceramista?
Marina:	Alguém que apareceu faz pouco tempo, não me lembro do nome agora, mas a crítica está falando muito bem dela.
Carlos:	Então, vamos!
Marina:	Até logo, beijo.
Carlos:	Tchau, um beijo.

a. Releia mais uma vez o diálogo acima e sublinhe todos os verbos no presente do indicativo e no imperativo.

b. Olhe um mapa de Portugal e localize Trás-os-Montes. Faça uma pesquisa sobre essa região e escreva uma resenha. Agora escolha dois locais que você gostaria de visitar em Portugal.

c. O diálogo nos mostra que Carlos e Marina são cinéfilos. Sublinhe as passagens do texto que indicam isto. E você, se considera um cinéfilo? A quantos filmes você assistiu nos últimos seis meses?

Caderno de produção   Mapeando o mundo das artes

1-29. Leia atentamente o diálogo abaixo e responda às perguntas sobre o mesmo.

Diálogo II. Ana Karina ficou dos quinze aos vinte anos sem ir ao Rio. Finalmente, vai passar uma semana na cidade onde nasceu. Hotel, nem pensar! Ela fica na Urca, na casa de sua avó, dona Chiquinha.

Ana Karina:	Vovó, tenho muitos planos para esta semana.
Dona Chiquinha:	Por exemplo?
Ana Karina:	Atividades bem ecléticas: dançar nos bares e nas gafieiras da Lapa, tomar brunch no Parque Lage, jantar em Santa Teresa, ir à praia e, de repente, um baile funk.
Dona Chiquinha:	Que programação ótima. Vejo que você continua antenada.
Ana Karina:	Continuo, sim. Mas confesso que estou meio confusa. É que há tantas opções que nem sei por onde começar.
Dona Chiquinha:	Comece pelo começo. Faça uma lista de tudo o que você acha relevante e depois crie ao menos duas categorias: "rever" e "ver pela primeira vez".
Ana Karina:	Ótima ideia. O que você me sugere?
Dona Chiquinha:	Depende de suas preferências. O que você prefere, arte moderna ou mais tradicional?
Ana Karina:	Não tenho preferência de estilos. Na verdade, prefiro objetos e construções ecléticas. Acredito que o novo valoriza o antigo e vice-versa.
Dona Chiquinha:	Queridinha, você puxou mesmo à sua avozinha e o lugar perfeito para visitar é o MAR.
Ana Karina:	O MAR????
Dona Chiquinha:	(risos) Não é mar tipo "Mar Vermelho, Mar Morto etc.". Trata-se da sigla do Museu de Arte do Rio.
Ana Karina:	Nossa, que lindo nome.
Dona Chiquinha:	E a beleza não para no nome, não. O MAR é um museu extremamente dinâmico, que quer muito mais formar do que apenas informar. Tem dois espaços autônomos, mas ao mesmo tempo ligados. O primeiro, um edifício de arquitetura moderna, daqueles que nos levam a flutuar no tempo e no espaço, abriga uma escola cujo nome é absolutamente previsível e ao mesmo tempo inusitado: "A escola do olhar". O segundo edifício, num bonito estilo neoclássico, abriga as coleções temporárias.
Ana Karina:	Vovó, estou totalmente convencida. Vamos correndo pro MAR.

a. Faça uma pequena pesquisa sobre os bairros da Urca, de Santa Teresa e da Lapa. Qual é a importância que eles tiveram e ainda têm na cena cultural do Rio de Janeiro? E o MAR, onde fica?

b. Olhe um mapa do Rio de Janeiro e localize esses três bairros acima e também o MAR. Em seguida, escolha dois locais que você gostaria de visitar no Rio de Janeiro e diga a razão.

c. Imagine as recomendações que a mãe da Ana Karina fez para ela sobre o que levar, o que fazer e como se comportar. Faça uma lista de ao menos 8 recomendações, usando o imperativo (use ao menos três imperativos negativos).

d. Se você fosse Ana Karina, que outras perguntas faria para a vovó Chiquinha? Faça no mínimo três perguntas.

___

___

___

e. Imagine que a Ana Karina está na sua cidade. O que você sugere que ela faça? E você? O que você prefere fazer quando visita outros lugares?

f. Pense em um lugar que você gostaria de conhecer e outro que você quer rever. Dê razões para ver pela primeira vez e para rever.

Vídeo

1-30. O vídeo desta unidade conta com a presença de Newton, Tânia Cypriano, Dado Amaral, os integrantes da Companhia do Feijão, Mara Verônica Suassuna, Isa Taube e Regina Pisani. Depois de assistir ao vídeo responda às perguntas abaixo.

a. Alguns desses artistas têm trajetórias bem semelhantes? Baseando-se apenas nessas passagens, o que eles têm em comum?

b. É possível saber em que período da vida essas pessoas se voltaram para a arte? Infância, adolescência, idade adulta, idade madura?

c. O Brasil é bastante conhecido por sua música, tanto erudita como popular. Faça uma pesquisa e encontre dois compositores a cujas obras Newton deve ter assistido pela televisão.

d. Tânia Cypriano foi uma artista muito precoce, pois aos 14 anos já estava dirigindo peças de teatro que ela mesma escreveu. Dê o nome de ao menos 2 artistas precoces; se forem do mundo lusófono, melhor.

e. Qual tem sido o impacto da tecnologia na arte? Pense no comentário feito por Dado Amaral.

f. A Fernanda comenta que todo mundo da Companhia do Feijão começou com outra profissão e se tornou ator. E você? Sempre soube o que queria fazer ou mudou de carreira?

g. Como é que o Petrônio percebeu que gostava de arte?

h. Regina Pisani fala sobre o fato de que, na opinião dela, todo mundo é artista. Como é que ela vê a arte? Você concorda com ela?

i. Mara Verônica cresceu numa casa, num ambiente onde havia sempre gente cantando e tocando. Cada família tem os seus hábitos. Quais eram os hábitos da sua família? Por exemplo, havia contação de histórias ou jogos na sua casa?

j. Isa Taube dedicou-se à música desde cedo. Quando ela percebeu que a música era vital? Você já viveu um momento assim? Descreva-o.

CHAMADA PARA A ESCRITA

1-31. Dentre as várias opções a seguir, escolha e desenvolva uma delas.

a. O que causa mais impacto, a imagem ou a palavra?

b. Como se dá o processo de descoberta de uma paixão na área de estudo e/ou trabalho? Você já encontrou a sua paixão? Como foi esse processo?

c. Depois dessa primeira unidade sobre a arte, a sua relação com a arte se modificou de alguma maneira? Exemplifique.

d. Você concorda com Nicolau Sevcenko que quem faz arte é desobediente? Explique.

e. Fernando Pessoa diz que "Toda a arte se baseia na sensibilidade, e essencialmente na sensibilidade". O que você acha dessa afirmação? No que mais a arte pode se basear?

Unidade 2

Revelando através da fotografia

VOCABULÁRIO

DE ONDE SÃO?

2-1. Faça uma pesquisa na internet e descubra de onde são ao menos cinco dos fotógrafos abaixo, algo sobre a sua biografia e por que se tornaram fotógrafos e/ou o que fotografam ou fotografavam.

- a. Daniel Rodrigues
- b. Ansel Adams
- c. Nan Goldin
- d. Henri Cartier-Bresson
- e. Dorothea Lange
- f. Martin Parr
- g. Paolo Roversi
- h. Mary Ellen Mark

2-2. Leia a lista de dezoito palavras a seguir. Escolha dez palavras e escreva ao menos duas frases explicando o que significam em termos da profissão e/ou qual é a relação dessas palavras com a fotografia e o ato de fotografar.

revelar	perspectiva	testemunhar
ambiguidade	editar	composição
tripé	focalizar	enquadramento
subjetividade	objetividade	
preto e branco	diálogo	
lente	prova	
ângulo	luz	

Caderno de produção Revelando através da fotografia

2-3. Responda às perguntas abaixo.

a. Quando você tirou fotos pela última vez?

b. O que você fotografou?

c. Você já publicou fotos na internet (por exemplo, no Facebook)? Por que sim? Por que não?

d. Já publicaram na internet fotos que você tirou de pessoas, objetos, paisagens etc.?

e. Já publicaram na internet fotos de você?

f. Caso tenham publicado fotos de sua autoria ou de você, pediram-lhe permissão?

g. Você já proibiu que alguém publicasse fotos de você ou de sua autoria?

h. Caso você tenha publicado fotos de outras pessoas, você pediu permissão a elas?

i. Alguém proibiu que você publicasse fotos de autoria dele/a ou dele/a?

2-4. Responda às perguntas abaixo.

a. Você acha que os telefones celulares com câmeras representam uma invasão da privacidade das pessoas?

b. Você deixa as pessoas tirarem fotografias de você?

c. Quais são as vantagens e desvantagens da câmera digital?

d. Você acha que, com a câmera digital, a fotografia deixou de ser arte?

e. Descreva, na sua opinião, as diferenças entre fotografias em preto e branco e fotografias a cores. Por que um fotógrafo escolheria uma em vez da outra?

f. Quais são as diferenças entre os fotógrafos profissionais e o cidadão ou a cidadã que tira fotografias?

Gramática I

Pretérito, perfeito e imperfeito

Usos do pretérito perfeito e imperfeito:

PRETÉRITO PERFEITO	PRETÉRITO IMPERFEITO
1. Use o pretérito perfeito para falar sobre o começo ou o fim de uma ação no passado. Na semana passada, o jogo de futebol começou às quatro da tarde. Terminou às sete.	1. Use o pretérito imperfeito para falar sobre ações habituais. Minha avó tirava fotos do aniversário de todos os netos. Os filhos de muitas pessoas jogavam todas as semanas.
2. Use o pretérito perfeito para expressar uma ação que terminou ou uma ação acabada. O jogo durou três horas. O Corínthians ganhou.	2. Use o pretérito imperfeito para falar sobre o que estava acontecendo quando outra ação ocorreu e para falar de ações simultâneas no passado. Eu não vi o final do jogo. Estava na cozinha quando terminou. Meu amigo falava com a namorada enquanto assistia ao vídeo.
3. Use o pretérito perfeito para expressar uma série de ações terminadas. Durante o jogo, os jogadores correram, pularam e gritaram.	3. Use o pretérito imperfeito para relatar detalhes como, por exemplo, tempo, lugar, estado emocional e idade, e características físicas e mentais. O dia estava muito bonito. Os jogadores eram jovens, tinham 17 ou 18 anos. Todos esperavam ganhar.
4. Certas palavras e expressões frequentemente assinalam o uso do pretérito perfeito: Antes de ontem, de noite, de repente, duas vezes, na segunda passada, no ano passado, ontem, uma vez. Atenção: o uso do pretérito perfeito com essas palavras não é automático. A intenção do falante é sempre a consideração mais importante. Ex: Ontem dormimos cedo. Ontem dormíamos quando começou a tempestade.	4. Certas palavras e expressões frequentemente assinalam o uso do pretérito imperfeito: Enquanto, frequentemente, quando era criança/jovem, sempre, todas as quintas, todos os dias. Quando eu era jovem, dormia até a hora do almoço nos fins de semana. A gente se encontrava na praia nas férias de verão.

Caderno de produção Revelando através da fotografia

Muitas vezes o pretérito perfeito e o imperfeito ocorrem na mesma frase. O imperfeito nos diz o que estava ocorrendo quando outra ação interrompeu a ação que já estava em andamento.

Exemplos: Miguel estudava quando o telefone tocou.

Olívia comeu tanto porque estava com muita fome.

Imperfeito
Verbos regulares:

	TIRAR	CORRER	ASSISTIR
eu	tirava	corria	assistia
tu	tiravas	corrias	assistias
ela/ele, você	tirava	corria	assistia
nós	tirávamos	corríamos	assistíamos
elas/eles, vocês	tiravam	corriam	assistiam

Verbos irregulares: *Só há quatro verbos irregulares*

	SER	TER	VIR	PÔR
eu	era	tinha	vinha	punha
tu	eras	tinhas	vinhas	punhas
ela/ele, você	era	tinham	vinha	punha
nós	éramos	tínhamos	vínhamos	púnhamos
elas/eles, vocês	eram	tinham	vinham	punham

O verbo "ir" não tem radical!

	IR
eu	ia
tu	ias
ela/ele, você	ia
nós	íamos
elas/eles, vocês	iam

Expressões que tipicamente introduzem o imperfeito:

Antigamente…   Quando eu era jovem/criança….

Antes…   De vez em quando...

No passado…   De tempos em tempos...

No meu tempo…   Quando eu tinha ____ anos…….

2-5. Quem fez o quê? Observe o quadro e responda às questões abaixo.

Eu	Tu	Marta e Magali	Magali e eu
Ausente no último dia de aulas	Prefere máquinas digitais.	Compartilharam fotos da família com os/as colegas.	Fomos apresentadas à obra de Salgado no curso de fotografia.
Não compareceu à exposição.	Desconhecia fotógrafos lusófonos.	São argentinas.	Nunca estivemos em uma exposição fotográfica.

a. Quem trouxe fotos de família para o curso?

_____

b. Quem não pôde ir ao último dia de aula?

_____

c. Quem não foi à exposição fotográfica da turma?

_____

d. Quem não quis aprender a revelar fotos?

_____

e. Quem veio de outro país para fazer o curso?

_____

f. Quem disse que nunca tinha ouvido falar de Sebastião Salgado?

_____

g. Quem não soube dizer o nome de nenhum fotógrafo oriundo de um país lusófono?

_____

h. Quem esteve em uma exposição fotográfica pela primeira vez na vida?

_____

2-6. Preencha as lacunas com a forma correta do verbo – no imperfeito ou no pretérito simples.

a. (revelar/fazer) Enquanto eu _____ as imagens no quarto escuro, o meu marido _____ o jantar.

b. (viajar/ganhar) Ele _____ por Moçambique tirando fotografias quando a esposa dele, a Júlia, _____ um prêmio importante por suas contribuições à ciência.

c. (ler/chegar) Eu _____ sobre os projetos do Sebastião Salgado quando meu irmão _____ ao apartamento.

d. (dormir/tocar) Virgínia _____ quando, de repente, o despertador _____.

Caderno de produção Revelando através da fotografia

e. (falar/tocar) O professor _____ com seus alunos quando os sinos _____.

f. (procurar/pensar) Enquanto vocês _____ informações sobre os fotógrafos lusófonos, eu _____ numa ótima pergunta para o próximo exame.

g. (olhar/ver) A fotógrafa _____ através da lente quando _____ o hipopótamo sair da água.

h. (começar/ter) Sabrina _____ a fazer um curso de fotografia no ano passado, mas ela _____ de parar depois de seis meses por causa do custo.

2-7. Complete a história abaixo usando o pretérito perfeito e o imperfeito, conforme seja necessário.

Santiago (1 viver) _____ perambulando pelo mundo levando uma vida de artista itinerante. Ele (2 tocar) _____ violão num país, (3 cantar) _____ em outro e todos _____ (4 vir) vê-lo e _____ (5 tirar) muitas fotografias. Ninguém (6 conseguir) _____ resistir aos seus múltiplos talentos. As pessoas o (7 aplaudir) _____ e (8 escutar) _____ suas músicas, fascinadas por seu talento e humildade. Quando (9 ouvir) _____ sua música, (10 esquecer) _____ de seus problemas.

Um dia, porém, Santiago (11 perder) _____ a voz e (12 ir) _____ ao médico. O médico lhe (13 dizer) _____ que ele teria de ficar dois meses sem cantar. Santiago (14 chorar) _____ muito no começo, mas aí ele (15 resolver) _____ compôr músicas enquanto não (poder) _____ cantar. Ele (16 escrever) _____ muitas músicas novas e, passados dois meses, ele (17 recuperar) _____ a voz.

Em todos os shows, Santiago (18 contar) _____ que, quando (19 ficar) _____ sem voz, (20 passar) _____ a ouvir mais. Quando (21 caminhar) _____ na rua de madrugada, ele (22 ouvir) _____ os pássaros em seu canto singelo. Quando (23 estar) _____ tomando um café, nas mesas ao lado as mulheres (24 falar) _____ da vida e das dores do cotidiano; os homens (25 conversar) _____ das angústias da vida moderna e as crianças (26 rir) _____ sem medo e com prazer.

O silêncio do seu canto, que durou dois meses, (27 dar) _____ lugar a lindas canções, e seu público sempre fiel (28 se apaixonar) _____ ainda mais profundamente por esse homem e seu canto.

2-8. Reescreva o texto abaixo colocando os verbos no pretérito perfeito e imperfeito, conforme seja necessário.

Todos os dias eu saio de casa às 7:00 horas da manhã. Além da minha bolsa com o celular dentro e a minha mochila, sempre levo o meu Kindle. Eu me sinto mais segura com o meu Kindle. Como às vezes tenho de esperar em algum lugar, posso ler enquanto espero.

Hoje eu não vou direto para o escritório. Estou num café com os meus amigos. Nós conversamos sobre um problema muito chato no trabalho e também sobre os nossos planos para o fim de semana. De repente, começa a chover e ventar. As árvores balançam ao vento e a chuva arrasta tudo pelo caminho. Eu decido ficar no café até a chuva passar. Meus amigos não têm paciência: saem do café e ficam completamente encharcados em questão de segundos.

Eu tiro o meu Kindle da bolsa e começo a ler. Sei que tenho muito tempo, pois a chuva está forte. Como meu livro é muito bom, fico feliz com essa pausa inesperada no meu dia.

2-9. Pretérito perfeito e imperfeito. A sua história.

a. Usando ao menos oito dos verbos abaixo no pretérito perfeito e imperfeito escreva uma história ou um diálogo com um/a colega que <u>começa</u> assim:

Estávamos todos na minha casa conversando quando, de repente, acabou a força.

Ser, estar, assistir, dormir, sentir, ter, amar, decidir, sofrer, chorar, rir, cair, cantar, comer, beber, pensar, seguir.

b. Agora, usando ao menos oito dos verbos abaixo no pretérito perfeito e imperfeito, escreva novamente uma história ou um diálogo com um/a colega que <u>termina</u> assim:

Não dá mais, acabou.

Ter, ser, estar, viajar, dançar, pedir, correr, refletir, beijar, abraçar, responder, escrever, querer, saber, sorrir, fotografar, escolher, ouvir.

GRAMÁTICA II

COMPARATIVOS E SUPERLATIVOS

Comparativos

Os comparativos são geralmente formados com substantivos, adjetivos e advérbios e podem estabelecer relações de:

a) inferioridade e superioridade

Cristina tira mais fotos (do) que Nelson.

Nelson tira menos fotos (do) que Cristina.

*Alguns adjetivos têm comparativos irregulares. São eles:

bom	melhor
ruim/mau	pior
pequeno	menor
grande	maior

*Em português europeu, é possível dizer mais pequeno ou menor. Em português brasileiro devem-se usar apenas as formas irregulares.

*Quando bem e mal têm a função de advérbios, adotam as mesmas formas comparativas irregulares que bom e mau.

bem → melhor

mal → pior

b) igualdade

tão ... quanto/como

tanto/a ... quanto/como

tantos/as ... quanto/como

tanto quanto/como

*Use tão ... quanto/como para comparações de igualdade com adjetivos e advérbios.

As fotos de Cristina são tão bonitas quanto as de Nelson..

Cristina tira fotos tão bem como Nelson.

*Use tanto(s)/tanta(s) ... quanto/como para comparações de igualdade com substantivos.

Cristina tirou tantas fotos quanto/como Nelson. .

*Use tanto como/quanto para comparações de igualdade com verbos.

Cristina fotografou tanto quanto Nelson.

*Em português brasileiro usa-se mais a forma tanto/tão ... quanto e em português europeu a forma tanto/tão como ...

Superlativos

O superlativo pode ser relativo ou absoluto.

*O superlativo relativo evidencia a qualidade do ser ou do objeto em relação a outros seres ou objetos. Para formar o superlativo relativo, use artigo definido + substantivo + mais/menos + adjetivo. O superlativo relativo pode ser de:

superioridade. Ex.: Este fotógrafo é o mais interessante de sua geração.

inferioridade. Ex.: Este fotógrafo é o menos interessante de sua geração.

*O superlativo absoluto mostra que a qualidade do ser ou do objeto ultrapassa a noção comum que temos dessa mesma qualidade. O superlativo absoluto pode ser:

sintético. Ex.: Esta fotografia é belíssima.

analítico. Ex.: Esta fotografia é muito bela.

*A formação do superlativo absoluto sintético é bastante complexa. Em princípio, bastaria adicionar a terminação -íssimo (-a, -os, -as) ao adjetivo. Se o adjetivo terminar em consoante, esta regra é válida. Porém, se o adjetivo terminar em vogal, há que se eliminar a mesma e acrescentar -íssimo diretamente à forma singular do adjetivo.

normal: A vida do dia a dia é normalíssima, mas durante uma expedição fotográfica tudo muda!

lindo: A exposição de fotografias está lindíssima.

elegante: Maria está elegantíssima na foto de seu casamento.

*Muitos superlativos comumente usados têm forma irregular:

amável	amabilíssimo
amigo	amicíssimo
antigo	antiquíssimo
bom	ótimo/boníssimo (B)
difícil	dificílimo
fácil	facílimo
mau	péssimo
rápido	rapidíssimo

*Em razão dessa grande complexidade, no português brasileiro há uma tendência de se usar o superlativo absoluto analítico "muito + adjetivo" ou a variante preferida da juventude "super + adjetivo."

2-10. Comparativos de igualdade, inferioridade e superioridade. Usando os comparativos de igualdade, inferioridade e superioridade, compare os substantivos a seguir e escreva frases completas.

a. apartamento / casa

b. fotografia em preto e branco / fotografia a cores

c. lápis / caneta

d. luz / escuridão

e. cinema / televisão

f. música clássica / MPB

g. português / espanhol

h. Lisboa / Nova York

i. carta / *email*

j. samba / dança de quadrilha

2-11. Usando os comparativos de igualdade, inferioridade e superioridade, compare os elementos abaixo. Escreva frases completas.

a. dormir / comer

b. trabalhar / estudar

c. ler / escutar música

d. desenhar / pintar

e. viajar de carro / viajar de avião

f. descansar / fazer ginástica

g. sair / ficar em casa

h. dançar / patinar no gelo

i. andar de bicicleta / andar a pé

j. comer em casa / comer fora

2-12. **Agora, usando os adjetivos que têm comparativos irregulares, construa dez frases empregando *bom*, *ruim*, *grande* e *pequeno*.**

a. _____
b. _____
c. _____
d. _____
e. _____
f. _____
g. _____
h. _____
i. _____
j. _____

2-13. **Encontre duas fotografias sobre o mesmo tema e, usando os comparativos e os superlativos, escreva sobre essas duas fotografias.**

2-14. **Use o superlativo e as palavras indicadas abaixo para expressar sua opinião.**

1. pessoa/elegante
   _____

2. cantora/bom
   _____

3. ator/engraçado
   _____

4. celebração/grande
   _____

5. filme/interessante
   _____

6. professora/interessante

    _____

7. sambar/difícil

    _____

8. dia/normal

    _____

9. tirar fotografias/fácil

    _____

10. Maputo/bonita

    _____

2-15. Responda usando o superlativo absoluto.
   a. Quem você acha que é muito chique?
   b. Qual livro você acha muito interessante?
   c. Quais filmes você acha que são muito bons?
   d. O que você acha muito difícil fazer?
   e. O que você acha muito fácil fazer?
   f. Na sua opinião, quanto vale uma boa educação?
   g. Qual cidade você acha que é muito agradável?

2-16. Leia o trecho abaixo do poema *Os lusíadas*, de Luís de Camões, publicado em 1572.

   Tão grande era de membros, que bem posso
   Certificar-te que este era o segundo
   De Rodes estranhíssimo Colosso,
   Que um dos sete milagres foi do mundo.
   Cum tom de voz nos fala horrendo e grosso,
   Que pareceu sair do mar profundo:
   Arrepiam-se as carnes e o cabelo
   A mim e a todos só de ouvi-lo e vê-lo.

   a. Encontre os superlativos e os comparativos no texto acima.
   b. Coloque os seguintes adjetivos no superlativo: *horrendo, grosso, profundo* e depois escreva novas frases com o superlativo.
   c. Quem foi Camões? Sobre o que é *Os lusíadas*?

Gramática III

O futuro e o condicional

Futuro simples

Regulares

FALAR	ESCREVER	PARTIR
Eu falarEI	escreverEI	partirEI
Tu falarÁS	escreverÁS	partirÁS
Ele, Ela, Você falarÁ	escreverÁ	partirÁ
Nós falarEMOS	escreverEMOS	partirEMOS
Eles, Elas, Vocês falarÃO	escreverÃO	partirÃO

Irregulares

DIZER	FAZER	TRAZER
Eu dirEI	farEI	trarEI
Tu dirÁS	farÁs	trarÁs
Ele, Ela, Você dirÁ	farÁ	trarÁ
Nós dirEMOS	farEMOS	trarEMOS
Eles, Elas, Vocês dirÃO	farÃO	trarÃO

Condicional ou futuro do pretérito

Regulares

FALAR	ESCREVER	PARTIR
Eu falarIA	escreverIA	partirIA
Tu falarIAS	escreverIAS	partirIAS
Ele, Ela, Você falarIA	escreverIA	partirIA
Nós falarÍAMOS	escreverÍAMOS	partirÍAMOS
Eles, Elas, Vocês falarIAM	escreverIAM	partirIAM

Irregulares

DIZER	FAZER	TRAZER
Eu dirIA	farIA	trarIA
Tu dirIAS	farIAS	trarIAS
Ele, Ela, Você dirIA	farIA	trarIA
Nós dirÍAMOS	farÍAMOS	trarÍAMOS
Eles, Elas, Vocês dirIAM	farIAM	trarIAM

2-17. Conjugue o verbo no futuro ou no condicional, conforme seja necessário, e escolha uma das respostas que faça sentido para você.

a. *Amanhã eu* (**tirar**) _____
   a) foto de um estranho   b) o meu casaco porque vai fazer frio   c) o bilhete premiado na loteria   d) o meu dente do ciso

b. *Eu* (**fazer**) *o meu trabalho* _____.
   a) se não estivesse com tanto sono   b) se não fosse tão chato   c) se tivesse mais tempo   d) se não estivesse tão apaixonado   e) se não estivesse no mundo da lua

c. *Vocês* (**trazer**) _____ *para a aula de português?*
   a) uma pessoa famosa   b) os seus pais   c) o amor da sua vida   d) o seu animal de estimação

d. *Caetano Veloso* (**cantar**) _____ *no show da semana que vem.*
   a) fado   b) rock'n'roll   c) ópera   d) samba

e. *Eu* (**levar**) _____ *para o exame final de português.*
   a) os meus patins de gelo   b) uma calculadora   c) um lápis e uma caneta   d) o meu livro de russo

2-18. Imagine que você está entrevistando uma atriz muito vaidosa. Faça as perguntas abaixo e depois responda como se você fosse a atriz, usando o futuro ou o condicional, conforme seja necessário.

a. Quantas vezes você _____ (ir) ao cabeleireiro este ano?

b. Quantas vezes você _____ (cortar) o cabelo este ano?

c. Você _____ (usar) esmalte vermelho para ir a uma boate?

d. Você _____ (fazer) a unha esta semana?

e. Você _____ (pintar/tingir) o cabelo este ano?

f. Você _____ (dar) um presente de Natal para sua manicure?

g. Você _____ (fazer) escova para ir a uma festa?

h. Você _____ (fazer) plástica?

_____

i. Você _____ (dizer) que é vaidosa?

_____

2-19. Imagine o seu futuro. Responda às seguintes perguntas no futuro. Primeiro, conjugue o verbo entre parênteses no futuro. Depois, responda às perguntas no futuro.

a. Onde você (morar) _____ daqui a 10 anos? Aqui (EUA) ou em outro país?

b. Você (residir) _____ no campo ou na cidade?

c. Qual (ser) _____ a sua profissão?

d. Você (viajar) _____ muito a trabalho ou por prazer?

e. Você e seus amigos da universidade se (visitar) _____?

f. Você (estar) _____ solteiro/a ou casado/a?

g. Você ter _____ filhos?

h. Você e sua família (reunir-se) _____ durante as festas?

2-20. Condicional. Leia as seguintes situações e descreva o que você faria em cada uma delas. Conjugue os verbos entre parênteses e depois responda às perguntas.

a. Você tem a oportunidade de falar com um artista. Quem você (escolher) _____. O que (dizer ou perguntar) _____ ou _____ para ele/ela?

b. Você e seu melhor amigo descobrem um osso muito antigo enterrado no quintal da sua casa. O que vocês (fazer) _____?

c. Você vai para o aeroporto sem o seu passaporte. O que (acontecer) _____ e como você (resolver) _____ o problema?

d. Sua família faz uma festa-surpresa para você. Como você (reagir) _____?

e. Você acorda atrasado para um exame final ou para o trabalho. O que você (pedir e dizer) _____ e _____ ao professor ou ao seu chefe?

f. Você fica trancado do lado de fora da sua casa/do seu apartamento. Para quem você (telefonar) _____ e o que (dizer) _____?

g. Você se esquece do aniversário da/da seu/sua namorado/a. Qual (ser) _____ a sua maneira de pedir desculpas?

h. Seu/Sua melhor amigo/a quer ler um bom livro. Qual livro você (sugerir) _____?

2-21. Crie uma história no futuro usando pelo menos dez dos seguintes verbos:
cantar, sonhar, fazer, dizer, rir, morar, comer, descobrir, ser, ouvir, sentar, nadar, correr, estar, assistir, trazer, fotografar, beber, pensar e carregar

_____

_____

_____

RETOMANDO A LEITURA

2-22. Releia o texto "A razão de olhos inchados" e responda às seguintes perguntas.

a. Faça uma pesquisa e descubra o espaço geográfico dos projetos fotográficos de Sebastião Salgado. Em que lugares do Brasil ele fotografou? Ele fotografou em outros países também?

b. Imagine que você vai entrevistar Sebastião Salgado. Que perguntas você lhe faria? Escreva ao menos cinco perguntas e, quando possível, use o futuro ou o condicional.

c. Sebastião Salgado tem um livro que se chama *Terra* (1997). Esse livro tem uma introdução do escritor português José Saramago e um CD com músicas compostas pelo brasileiro Chico Buarque. Sobre o que é o livro?

Diálogo

A arte no cotidiano

Sara e Inês trabalham num banco em Lisboa. No fim de semana, as duas, separadamente, foram a uma exposição de fotografia, e hoje, durante o almoço, elas estão falando sobre a exposição.

Sara: Adorei a exposição, Inês. Tu gostaste?

Inês: Gostei muito, mas algumas das imagens eram muito tristes. Esses tipos de ensaios fotográficos sempre me emocionam.

Sara: Sim, mas havia outras fotos que eram uma explosão de alegria.

Inês: Estás a pensar nas fotos das crianças, não é? Sim, havia umas que tinham uma alegria interna, não necessariamente palpável. Imaginei as crianças a viver as alegrias simples da vida.

Sara: Preferiste a exposição de fotografias do mês passado, sobre as culturas de língua portuguesa? Achei mais ampla e bem organizada que esta.

Inês: Bom, mais ampla foi, mas o tema desta exposição é muito mais interessante; e lembra-te que a outra galeria era bastante mais pequena que esta.

Sara: Sem dúvida! Geralmente, gosto mais de exposições pequenas, mas houve alguma coisa naquela exposição do mês passado que me comoveu profundamente.

Inês: Muitas vezes é difícil explicar por que uma coisa nos comove, não é?

Sara: Sim, não é palpável, não há as palavras mesmo.

Inês: Bom, é por isso que a arte existe: para comunicar aquilo que mal podemos exprimir.

Sara: Por falar nisso, este docinho está tão bom! Mas vamos pagar e voltar ao trabalho.

Inês: Que remédio, vamos lá!

2-23. Passe quatro frases do diálogo para o superlativo absoluto.

a. _____

b. _____

c. _____

d. _____

2-24. Identifique as frases do diálogo em que são feitas comparações.

2-25. Encontre ao menos um museu que você gostaria de visitar em Lisboa. Veja onde o museu está localizado e diga quando você iria e por que escolheu esse museu em particular.

2-26. Escreva um diálogo ou um pequeno ensaio sobre uma exposição de fotografias que você viu. Caso nunca tenha ido a uma exposição de fotografias, escreva o diálogo ou o ensaio sobre qualquer outra exposição.

Vídeo

2-27. A partir da entrevista dada por João Kulcsár, responda às perguntas abaixo.
   1. João sempre soube o que queria fazer na vida? Qual foi a trajetória dele?
   2. Em que países ele estudou fotografia?
   3. O que é o Senac?
   4. Ele fala sobre a época do Collor. Quem foi Collor?
   5. Com que comunidades carentes ele trabalhou/trabalha?
   6. O que é a conferência de direitos visíveis?
   7. O que você acha que ele quer dizer com a frase: "Todos nós somos carentes."?

Chamada para a escrita

2-28. Dentre as várias opções a seguir, escolha e desenvolva uma delas.
   a. Escolha uma imagem e, a partir dessa imagem, escreva um haicai ou um conto.
   b. Escolha 10 imagens, coloque-as numa sequência e escreva uma fotonovela a partir das imagens.
   c. Escolha duas imagens semelhantes—por exemplo, duas casas, duas pessoas, dois países—e compare-as.

Unidade 3

Dança: a arte do efêmero

VOCABULÁRIO

3-1. Encontre a palavra mais adequada para a definição do banco de palavras. Há mais palavras do que o necessário, mas cada palavra só pode ser usada uma vez.

Ensaiar, posições, desenho, barra, alongamento, centro, coreógrafo/a, camarim, bastidores, improvisação, sapatilha, barra, palco, bacia.

a. _____ Sapato usado pelos bailarinos.

b. _____ Onde os bailarinos se trocam e se maquiam.

c. _____ Onde os bailarinos geralmente se apresentam.

d. _____ Cano onde os bailarinos fazem aquecimento e seguram com as mãos ao ensaiar passos repetidos.

e. _____ O primeiro dia de um espetáculo.

f. _____ Algo que se faz repetidas vezes e por longas horas para poder apresentar um espetáculo.

g. _____ Tem primeira, segunda, terceira, quarta e quinta e às vezes se usa a sexta também.

h. _____ Onde os bailarinos ficam logo antes de entrar em cena.

i. _____ Pessoa que cria um conjunto de movimentos que se torna uma dança.

j. _____ Maneira solta de criar, sem pensar de antemão.

Caderno de produção Dança: a arte do efêmero

3-2. Olhe a lista abaixo de bailarinos/as e coreógrafos/as. Escolha cinco pessoas da lista e escreva uma pequena biografia sobre essa pessoa. Inclua os seguintes dados: país de origem, data de nascimento, tipo de dança, ou, se for coreógrafo, espetáculos que coreografou ou de que participou.

Alvin Ailey	Alicia Alonso
George Balanchine	Mikhail Baryshnikov
Maurice Béjart	Ana Botafogo
Joanna Burgess	Débora Colker
Merce Cunningham	Isadora Duncan
Katherine Dunham	Margot Fonteyn
William Forsythe	Bob Fosse
Martha Graham	Rennie Harris
Marcia Haydée	Carlinhos de Jesus
Cecilia Kerche	Rudolf Nureyev
Anna Pavlova	Rodrigo Pederneiras
Jerome Robbins	Pedro Romeiras
Paul Taylor	Twyla Tharp

3-3. As seguintes duplas de bailarinos fizeram parte de filmes hollywoodianos do século XX. Descubra os nomes dos filmes e o ano em que os filmes foram lançados, assista a um trecho dos filmes em que eles dançam e descreva a dança da dupla.

a. Marlon Brando e Jean Simmons

b. Fred Astaire e Rita Hayworth

c. Deborah Kerr e Yul Brynner

d. Gene Kelly e Cyd Charisse

e. Julie Andrews e Christopher Plummer

f. Cary Grant e Sophia Loren

g. Gene Kelly e Leslie Caron

3-4. Qual é a sua dança predileta? Por quê? Descreva a dança e as suas origens.

3-5. Encontre um/a bailarino/a ou coreógrafo/a que você admira. Identifique a pessoa e a dança e/ou as coreografias e explique por que você o/a admira.

3-6. Agora encontre um grupo de dança que você admira. Pode ser em qualquer país do mundo e qualquer gênero de dança. Dê razões para a sua escolha.

3-7. **Usando o vocabulário abaixo, crie ou descreva um microespetáculo (pense: espetáculo haicai). Use ao menos dez das palavras da lista abaixo.**

Figurino, sapatilha, ponta, descalço, sapato, malha, macacão, cenário, desenho, interpretação, virtuosismo, técnica, movimento, improvisação, coreografia, coreógrafo, criação, estreia, ensaio, montagem, posições, braços, pernas, bacia, abdominais, exercícios, fortalecer, flexionar, esticar, alongar, aquecimento, alongamento, barra, centro, diagonal, machucar, terapia, fisioterapia, massagem, cabelo, penteado, maquiagem, balé, moderno, jazz, música, silêncio, ritmo, dobrar, pular, girar, dar voltas, apontar, relaxar, teatro, palco, camarim, bastidores, cortina, telão, luzes, plateia.

Gramática I

Particípio passado e presente contínuo, voz passiva

Particípio passado

Em português, o particípio passado pode ser regular, irregular ou ainda ter duas formas.

Particípios regulares

Os verbos terminados em **–ar** passam a terminar em **–ado** e os verbos terminados em **–er** e em **–ir** tendem a terminar em **–ido**.

cantar	→	cantado
coreografar	→	coreografado
dançar	→	dançado

Particípios irregulares

O particípio de alguns verbos terminados em **–er** e em **–ir** é irregular.

abrir	→	aberto
cobrir	→	coberto
dizer	→	dito
escrever	→	escrito
fazer	→	feito
pôr	→	posto
ver	→	visto
vir	→	vindo

Duas formas de particípio

Alguns verbos têm duas formas de particípio passado. A regra de uso é bastante simples. Os verbos auxiliares "ser" e "estar" requerem o uso da forma mais curta do particípio passado. Por outro lado, os auxiliares "ter" (fala) e "haver" (escrita) teoricamente exigem a forma mais longa do particípio. Na realidade, na fala coloquial é cada vez mais comum os falantes usarem a forma curta também com os auxiliares "ter" e "haver". É importante lembrar que os auxiliares "ser" e "estar" exigem concordância de gênero e número.

Exemplos: Jorge Santiago foi eleito o melhor bailarino do ano. Jorge quis saber quem o tinha elegido, mas, por razões óbvias, a votação foi secreta.

Presente contínuo

O presente contínuo em português não é tão usado como em inglês. Uma maneira de descobrir se devemos usar ou não o presente contínuo em português é se podemos inserir na frase a palavra "ultimamente"; dito de outra forma, se a palavra estiver subentendida, então usaremos o presente contínuo. Veja o exemplo abaixo:

A primeira bailarina do Bolshoi tem ganhado muitos prêmios.

Geralmente quando se usa o presente contínuo em inglês, o falante de português usa o pretérito perfeito. Veja o exemplo abaixo:

Has the dance company O Corpo already won a prize?

A companhia de dança O Corpo já ganhou algum prêmio?

Formação do presente contínuo: o verbo "ter" conjugado no presente do indicativo e o particípio passado do verbo principal.

Exemplo: Eu tenho recebido

Tu tens recebido

Ele/ela/você tem recebido

Nós temos recebido

Eles/ elas/ vocês têm recebido

Voz passiva

A voz passiva é muito usada em português falado e escrito em todos os registros da língua.

Formação da voz passiva: "um sujeito (paciente da ação) + o verbo 'ser' + o particípio passado do verbo principal". É preciso fazer a concordância em gênero e número entre o sujeito e o particípio passado. Pode ocorrer também o acréscimo da "preposição 'por' + um complemento (agente da ação)" é opcional.

Exemplos: Algumas danças tradicionais brasileiras foram traduzidas para outras culturas com muito sucesso.

Novas coreografias foram criadas pelo diretor artístico para o show de abertura da Copa do Mundo.

3-8. Preencha os espaços em branco com a forma adequada do particípio passado.

a. Carolina tinha _____ (terminar) de ensaiar e decidiu ir ao cinema. Ela teria _____ (ir) com você, se você tivesse _____ (ser) mais amável.

b. Miguel tem _____ (costurar) muitas fantasias ultimamente.

c. Ela falou que a bailarina tinha _____, (morrer) mas eu não acreditei.

d. Se você tivesse me _____ (contar) a história toda que aconteceu nos bastidores, eu poderia ter _____ (tomar) alguma iniciativa.

e. Aquele cenário foi muito mal _____ (construir).

f. Ficamos _____ (transtornar) com as notícias sobre a estreia do show.

g. O teatro foi _____ (construir) pelo próprios dançarinos.

h. Não teria _____ (escrever) a carta de demissão à companhia de dança se você tivesse _____ (telefonar) antes.

i. O dançarino foi _____ (matar) ao sair do teatro.

3-9. Passe as frases abaixo da voz ativa para a voz passiva.

a. A bailarina alugou o filme *The Turning Point* com Baryshnikov, Shirley MacLaine e Anne Bancroft.

b. Nas últimas semanas Manuela tem ensaiado muito *O cisne negro*.

c. Patrícia vai comprar os ingressos para o espetáculo.

d. Fátima vai estrear o espetáculo de dança.

e. Samuel e eu coreografamos o espetáculo novo para o Teatro Municipal.

f. Nós assistimos ao espetáculo de dança do nosso melhor amigo.

g. Rodolfo participou da maratona de dança no fim de semana passado.

3-10. Os verbos seguintes têm duas formas na voz ativa e na voz passiva:

Aceitar, acender, entregar, limpar, pegar, matar, pegar, prender, soltar.

Faça uma tabela com os particípios passados dos verbos na voz ativa e na voz passiva.

Voz ativa	Voz passiva
Ter +	Ser +

a. _____

b. _____

c. _____

d. _____

e. _____

f. _____
g. _____
h. _____
i. _____

3-11. Agora escolha seis dos nove verbos para escrever frases na voz ativa e na voz passiva com o particípio passado.

a. _____
b. _____
c. _____
d. _____
e. _____
f. _____

Gramática II

Mas, mais e más

Diferenças entre "mas", "mais" e "más"

Os brasileiros em geral tem a tendência de pronunciar "más", "mais" e "mas" praticamente da mesma maneira. Quem ouve percebe o som "i" entre o "a" e o "s". Os sentidos, entretanto, são bem diferentes.

"Más" é um adjetivo feminino, plural de *má*, contrário de boa.

Exemplos: Minha mãe sempre me dizia para eu me afastar das pessoas más.
Más notícias chegam depressa.

"Mais" é um advérbio de intensidade, opondo-se normalmente a *menos*.

Exemplos: Eu já sabia dançar, porém aprendi muito mais quando comecei a ter aulas com uma nova professora.
Ele sempre quer mais e mais. O que ele já tem não é suficiente.

"Mas" é uma conjunção adversativa, equivalendo a *porém, contudo, todavia, entretanto*.

Exemplos: Quero sorrir, mas desaprendi a fazê-lo.
Sabemos que ela dança muito bem, mas nas festas ela nunca dança.

3-12. Escolha a forma correta de *mais*, *mas* e *más* e depois responda à pergunta ou ao comentário usando uma das formas na sua resposta.

   a. Ela certamente conhece mais / mas / más línguas do que eu.

   b. Nossa! Como as suas vizinhas são mais / mas / más! Como é que você aguenta?!

   c. Nós queremos comprar mais / mas / más ingressos para o espetáculo. Espero que tenha!

   d. Todos nós precisamos de mais / mas / más tempo livre.

   e. Cuidado com as mais / mas / más línguas! Tem gente que vive para falar mal dos outros.

   f. Vocês sabem o que o Alberto vai fazer nestas férias? Estou tentando falar com ele, mais / mas / más não consigo.

   g. Eu tenho mais / mas / más sapatilhas de dança do que sapatos.

   h. Romeu quer pedir a mão de Julieta em casamento, mais / mas / más não sabe o que dizer. Você pode lhe dar alguma sugestão?

3-13. Relacione a coluna da direita com a da esquerda.

   a. Nós precisamos ensaiar,   ( ) más neste mundo!

   b. A vida era bem   ( ) mas não temos tempo.

   c. Que pena essas mulheres   ( ) mas não consigo.

   d. Quero trabalhar,   ( ) mais simples antigamente.

   e. Que tristeza! Quantas pessoas   ( ) serem tão más.

3-14. Escreva seis sentenças usando as formas *mas*, *mais* e *más* duas vezes cada uma.

   a. _____
   b. _____
   c. _____
   d. _____
   e. _____
   f. _____

Caderno de produção   Dança: a arte do efêmero

3-15. Escolha a forma correta de *mais*, *mas* e *más* no parágrafo a seguir.

A Vitória dança há muitos anos, (1)_____ ela não quer saber de dançar (2)_____. Depois de várias contusões (3)_____, ela resolveu que precisa mudar de vida, pois seu corpo já não aguenta (4)_____ esse ritmo duro da vida de bailarina. Além do (5)_____, tem algumas pessoas muito (6)_____ na companhia de dança onde ela trabalha. (7)_____ o que fazer agora? Vitória quer uma vida onde ela não tenha que praticar nas horas boas e (8)_____ e ela quer (9)_____ tempo para ela mesma. Como amigo dela, eu quero ajudá-la, (10)_____ não sei o que posso fazer. Não quero atrapalhá-la e tornar a decisão (11)_____ difícil. Vamos nos encontrar amanhã e conversar (12)_____. No (13)_____, a vida da Vitória vai caminhando. Ela é uma pessoa muito interessante e imagino que vá ter (14)_____ ideias do que fazer do que tempo para fazê-las!

3-16. Agora escreva o seu próprio parágrafo, usando as formas de *mais*, *más* e *mas* pelo menos duas vezes cada.

_____

_____

_____

3-17. Leia o trecho abaixo do poema *O tumulto* de Álvaro de Campos e preencha os dois espaços com a forma correta de "mais, mas e más" e depois responda às perguntas.

A capacidade de pensar o que sinto que me distingue do homem vulgar

(a)_____ do que ele se distingue do macaco.

(Sim, amanhã o homem vulgar talvez me leia e compreenda a substância do meu ser. [skip a line]

Sim, admito-o,

(b)_____ o macaco já hoje sabe ler o homem vulgar e lhe compreende a substância do ser."

a. Pesquise a relação entre Fernando Pessoa e Álvaro de Campos.

b. Pesquise as características de Álvaro de Campos.

GRAMÁTICA III

O MAIS-QUE-PERFEITO E OS TEMPOS COMPOSTOS DO INDICATIVO

I - Forma: Na modalidade oral do português do Brasil, a forma mais usada do "mais-que-perfeito" é composta pelo verbo "ter" no imperfeito acrescida do particípio passado do verbo principal.

Exemplo: "tinha preparado"

Às dez horas tomei a vitamina que **tinha preparado** às nove horas.

II - Função: O "mais-que-perfeito" ajuda a ordenar cronologicamente fatos ocorridos no passado.

Tomemos como exemplo a seguinte situação:

Paula (no presente) conta o seguinte a Mariana:

Ontem **usei** o vestido que **tinha comprado** na semana passada.

Agora vamos colocar a situação acima em uma linha do tempo

PRESENTE	**PASSADO I**	**PASSADO II**
Falante	Conta um episódio	Insere um segundo passado
no presente	no passado	em sua narrativa
"usei"		"tinha comprado"

Portanto, o "mais-que-perfeito" insere um "passado mais anterior" dentro de uma narrativa que conta episódios ocorridos no passado.

Observação importante:

Na modalidade oral é muito comum que falantes nativos do português brasileiro eliminem o "mais-que-perfeito", usando o "pretérito perfeito" em seu lugar.

Portanto, a situação acima seria expressa da seguinte maneira:

Ontem **usei** o vestido que **comprei** na semana passada.

III - Variantes do "mais-que-perfeito" e registro

Além da forma:

imperfeito do verbo ter + particípio passado do verbo principal

há duas formas que exprimem o mais-que-perfeito. São elas

a) Registro mais formal que **"tinha feito"**

imperfeito do verbo haver + particípio passado do verbo principal

Exemplo: Eu já **havia feito** o almoço quando as crianças chegaram do clube.

b) Registro ainda mais formal que **"havia feito"**

radical oriundo da terceira pessoa do pretérito perfeito + terminações "-a, -as, -a, -amos, -am"

Exemplo: Eles comeram a comida que eu fizera no dia anterior.

Verbo "Fazer"

Pretérito perfeito	Mais-que-perfeito
Eu fiz	Eu FIZER -**a**
Tu fizeste	Tu FIZER -**as**
Você fez	Você FIZER -**a**
Nós fizemos	Nós FIZÉR -**amos**
Vocês FIZERam	Vocês FIZER -**am**

IV- Usos do "registro"

Eu fizera	+ formal, língua escrita
Eu havia feito	
Eu tinha feito	- formal, língua oral

Tempos compostos do indicativo

AÇÃO	INDICA	EXEMPLO
Tenho lido	Repetição ou prolongação de um fato até o momento em que se fala. Fato habitual.	<u>Tenho lido</u> muito sobre as danças tradicionais do mundo de fala portuguesa.
Tinha lido	Ação anterior a outra já passada.	Quando comecei a ensaiar pela primeira vez para *O quebra-nozes*, me dei conta de que muitos já <u>tinham participado</u> desse espetáculo antes.
Terei lido	Afirmação completada em determinado momento no futuro.	Até dezembro <u>terei aprendido</u> a dançar samba perfeitamente.

Tempos compostos do indicativo

1) Perfeito composto

- Forma: verbo "ter" conjugado no presente do indicativo + particípio passado do verbo principal
- Uso: O perfeito composto expressa uma ação que se iniciou no passado e continua no presente. Trata-se de ações <u>habituais</u>, portanto podemos pensar que "ultimamente" está sempre implícito na sentença.
- **Exemplo:** Como estou sem dinheiro, tenho feito poucas compras (ultimamente).

2) Mais-que-perfeito composto

Forma: verbo "ter" conjugado no imperfeito do indicativo + particípio passado do verbo principal

Uso: O mais-que-perfeito composto serve para ordenar um passado dentro de outro passado.

Exemplo: Eu já tinha feito compras quando me dei conta de que não tinha dinheiro para pagá-las.

3) Futuro do presente composto

Forma: verbo "ter" conjugado no futuro do indicativo + particípio passado do verbo principal

Uso: O futuro do presente composto expressa uma ação que será terminada em um dado momento no futuro.

Exemplo: Quando chegar em casa do ensaio, as crianças já terão dormido.

4) Futuro do pretérito composto

Forma: verbo "ter" conjugado no condicional presente + particípio passado do verbo principal

Uso: Relata uma situação que poderia ter ocorrido no passado.

Exemplo: Eu teria feito compras se tivesse dinheiro.

Exemplos de formas

Perfeito composto	Mais-que-perfeito composto
Eu tenho feito	Eu tinha feito
Tu tens feito	Tu tinhas feito
Você tem feito	Você tinha feito
Nós temos feito	Nós tínhamos feito
Vocês têm feito	Vocês tinham feito
Futuro do presente composto	**Futuro do pretérito composto**
Eu terei feito	Eu teria feito
Tu terás feito	Tu terias feito
Você terá feito	Você teria feito
Nós teremos feito	Nós teríamos feito
Vocês terão feito	Vocês teriam feito

3-18. Preencha os espaços em branco conforme necessário.

I. Perfeito composto

a. Ultimamente eu _____ (ensaiar) muito.

b. Ela _____ (ter) problemas com a companhia de dança. É por isso que ela não consegue dançar com alegria.

c. A companhia de dança _____ (ter) um ano muito produtivo. Parabéns a todos!

d. Hoje eu _____ (fazer) muito trabalho, mas tenho mais para fazer amanhã!

II. Futuro composto

a. Às seis eu já _____ (sair) do teatro.

b. Quando eu chegar aos quarenta anos eu já _____ (realizar) muito projetos.

c. Daqui a dois anos nós _____ (aprender) várias danças novas.

d. Até o fim do ano, eles _____ (melhorar) seu repertório bastante.

III. Condicional composto

a. Sem você, eu não _____ (sobreviver) ao curso com este professor.

b. Se eu pudesse, eu _____ (comprar) ingressos na primeira fileira para ver o espetáculo de perto.

c. Se ele tivesse outra oportunidade, nunca _____ (cometer) esse engano.

d. Com mais tempo, todo mundo _____ (fazer) mais ginástica.

IV. Mais-que-perfeito composto

a. Quando o clube de dança ganhou a maratona, a nossa cidade já _____ (esperado) por mais de dez anos a conquista desse prêmio.

b. Na hora de o coreógrafo chegar, eles já _____ (arrumar) o cenário.

c. Quando eu saí do camarim, eu já _____ (fechar) a porta à chave.

d. Eles já _____ (dirigido) cinco espetáculos quando receberam o convite para estrear o seu novo show na capital.

3-19. Mais tempos compostos.

Responda às perguntas usando o pretérito perfeito composto.

a. Quem você tem visto ultimamente?

b. O que você e os seus amigos têm feito nas últimas semanas?

c. Onde você tem ido ultimamente?

Responda às perguntas usando o pretérito mais-que-perfeito.

a. O que você nunca tinha feito antes de começar a universidade?

b. Quantos países ou estados (caso nunca tenha saído do seu país) você já tinha visitado antes de 2014?

c. Quantos esportes você já tinha praticado antes de vir para a universidade?

d. O que você nunca tinha feito antes de conhecer o seu/a sua melhor amigo/a?

Responda às perguntas usando o futuro do presente composto.

a. Você pensa que no futuro terão descoberto uma vacina para a tristeza?

b. Quando você tiver chegado ao Brasil, achará que terá descoberto o "paraíso"?

c. Imagine o ano 2019. Que sucessos você terá obtido até lá?

Responda às perguntas usando o futuro do pretérito composto.

a. Se você tivesse uma passagem para qualquer lugar do mundo, aonde você teria ido?

b. Se tivesse o poder de transformar um cantinho do mundo, o que você teria transformado?

c. Onde você teria investido o seu dinheiro, se ganhasse uma fortuna?

d. Se pudesse ser alguma coisa que não fosse um ser humano, o que você teria sido?

3-20. Tempo composto ou não? Preencha os espaços em branco com os tempos compostos ou não, conforme necessário.

a. Sempre me interessei pela vida de Carmen Miranda, mas confesso que nunca _____ (ver) nenhum de seus filmes antes deste curso. Tampouco _____ (fazer) algum tipo de curso de cultura brasileira. Ao final deste curso _____ (aprender) muita coisa. Agora estou fascinada por esse país tão estranho e _____ (passar) muitas horas na biblioteca para tentar escrever melhor.

b. Quando Carmen Miranda chegou aos Estados Unidos, ela _____ (acabar) de gravara muitos sambas inovadores. Ela estava cheia de energia, pois _____ (preparar-se) com muita seriedade para aquele momento. Eu _____ (pesquisar) muito sobre esse tema. Nunca _____ (pensado) que gostaria tanto de sua figura enigmática. Quando este curso acabar _____ (comprado) uma imensa quantidade de livros.

c. Que pergunta estranha: "Você acredita que o prefeito _____ (pôr) a casa em ordem até o fim do ano?" Não entendo como alguém possa perder um tempo precioso com bobagens. Eu tenho outras coisas para fazer como, por exemplo, terminar minha leitura do texto sobre Carmen Miranda. O texto é muito grande, então _____ (ir) à biblioteca todos os dias para ler pequenos trechos.

d. Você _____ (prometer) que me ajudaria a aprender as diferenças entre o samba da Bahia e o do Rio. Eu _____ (assistir) a muitos vídeos, mas ainda não entendi bem as sutilezas. Será que eu _____ (progredir) até o fim do ano?

3-21. Imagine as seguintes situações e use os tempos compostos nas suas respostas conforme necessário.

a. Você convida seus amigos para uma festa na sua casa depois da estreia do seu novo espetáculo, *Danças do cotidiano*. Como sempre, você não está com tudo organizado. O que você já <u>tinha feito</u> antes de os seus amigos chegarem? O que você ainda <u>não tinha feito</u>?

b. Você vai fazer uma longa viagem ao redor do mundo. Você irá partir logo no início do ano. O que você <u>terá feito</u> até lá? O que você <u>não terá feito</u> até lá?

c. Você soube ontem que um/a amigo/a seu casou. Quais <u>teriam sido</u> os seus conselhos? O que você <u>não teria dito</u>?

d. Ultimamente você tem sonhado muito. Com o que você <u>tem sonhado</u>? Com o que você <u>não tem sonhado</u>?

Retomando a leitura

3-22. Voltando a sua leitura do texto "Capoeirando", responda às perguntas abaixo.

a. A cidade de Salvador tem muitos lugares que fazem parte da história do Brasil. Identifique dois lugares na cidade e descreva por que esses lugares são importantes.

b. Salvador tem a cidade baixa e a cidade alta. Como essas duas cidades estão interligadas?

c. A capoeira tem a sua própria linguagem. Procure ao menos quatro termos usados na capoeira e suas definições.

d. Por que a polícia perseguia os capoeiristas? Luciano diz que é porque os capoeiristas eram considerados violentos ou por preconceito. Por que o preconceito? De onde viria?

e. Luciano comenta que já viu rodas em muitos países. Por que a capoeira se tornou, de certa forma, universal?

f. Luciano tem um apelido na capoeira. Você tem um apelido? Se sim, conte a história por trás do seu apelido.

Diálogo

A arte no cotidiano

3-23. Leia o diálogo abaixo e responda às perguntas a seguir.

Ana Rita: Soube que o grupo Cisne Negro vai passar uma semana no Memorial da América Latina com seu novo espetáculo. Vocês querem ir? Eu ouvi falar que o show é o máximo e que eles vão trabalhar com danças de diferentes lugares e origens.

Leila: Puxa, seria genial, mas eu tenho saído muito e estou sem dinheiro. Além do mais, tenho lido muita coisa para a faculdade. A fase dos exames está chegando e eu preciso estudar. Se eu tivesse me organizado melhor, teria tido tempo e dinheiro para ir.

Joaquim: Mas eu vou! Até lá terei completado a minha pesquisa para o curso de antropologia; e tenho andado com muito vontade de sair e assistir a algo espetacular.

Ana Rita:	Legal! Então vou comprar os ingressos para nós dois, Joaquim, depois você me paga. Mas não se esqueça: tenho contas para pagar no começo do mês!
Joaquim:	Tudo bem, Ana Rita. Eu teria tirado dinheiro do banco se soubesse, mas vou lá ainda hoje e te dou o dinheiro.
Leila:	Vocês têm visto os dançarinos de rua? Tem um pessoal que dança quase todas as noites na praça do centro. É uma manifestação que começou espontaneamente e agora virou rotina, mas as danças em si não são nada rotineiras. Tem gente ali que poderia ser profissional! Já vi tango, pagode, funk, hip-hop, forró, sapateado, dança do ventre. Só não vi balé clássico nem quadrilha. Eu nunca tinha vivenciado algo assim. É bonito ver essa espontaneidade toda do corpo ao ar livre.
Ana Rita:	Ah, eu adoraria ir! E você tem dançado quando vai?
Leila:	Da primeira vez não, mas agora que tenho ido com uma certa frequência eu tenho dançado muito. Para mim, a dança permite uma liberdade que as palavras não têm. Gosto de traduzir meus pensamentos e minhas emoções em movimentos. Quero ir mais vezes!
Joaquim:	Da próxima vez eu também vou. Enquanto isso, vamos dançando pela vida e criando os nossos próprios passos para driblar as más horas da vida e celebrar os bons momentos.

a. Encontre todos os tempos compostos.

b. Passe quatro frases para a voz passiva.

c. Encontre todos os *mais, mas, más* e identifique se são advérbios, adjetivos ou conjunções.

d. Você acha que o Joaquim é uma pessoa otimista? Por quê?

e. Que danças Leila não viu na praça?

f. Você conhece todas essa danças? Quais você conhece? Quais você não conhece?

g. Você vai a espetáculos de dança? Se sim, qual foi o último a que você foi? Se não, por que não?

Vídeo

3-24. Assista à entrevista com a Lolita Villanúa e depois responda às perguntas.

a. De onde é Lolita Villanúa? Qual foi seu percurso na dança? Identifique alguns lugares/países onde ela estudou/dançou. Com qual grupo ela dançou no Brasil?

b. Lolita contou com muito apoio. Quem a apoiou e de que maneiras?

c. Lolita fala especificamente sobre a formação de bailarinos de balé clássico. Qual é a opinião dela sobre a idade adequada para começar e a diferença entre homens e mulheres?

    d. Transpiração ou talento? Lolita fala sobre os dois. Quais são alguns dos comentários dela? O que ela diz sobre si própria?

    e. Qual é a outra profissão da Lolita atualmente? Ela fala sobre as diferenças entre a profissão de bailarina e a atual profissão dela. Quais são algumas dessas diferenças?

    f. Lolita fala sobre a documentação da arte. Por que isso seria importante, especificamente no caso da dança, mas também no caso de outros gêneros de arte?

3-25. Assista ao vídeo com Luciana Porta e depois responda às perguntas.

    a. Luciana fala sobre a experiência de ser bailarina no Brasil e nos Estados Unidos. Quais são as diferenças entre ser bailarina no Brasil e nos Estados Unidos?

    b. Como e por que Luciana parou de dançar?

    c. O que Luciana está estudando agora? Como e por que ela decidiu enveredar por esse caminho?

    d. Como é que Luciana relaciona seus estudos atuais com a dança?

    e. Com quais outros campos você acha que a dança pode se relacionar? Exemplifique.

CHAMADA PARA A ESCRITA

3-26. Dentre as várias opções a seguir, escolha e desenvolva uma delas.

    a. Há muitas danças diferentes. Escolha uma e descreva a dança, sua origem e por que você se interessa por ela.

    b. Assista ao documentário *Only When I Dance*, sobre dois adolescentes do Rio de Janeiro que querem ser dançarinos profissionais. Escreva um ensaio sobre o filme.

    c. Assista ao documentário *Primeira posição* (*First Position*). Sobre o que é o documentário? O que você acha dessa competição e do mundo da dança?

    d. Há muitos filmes em que a dança predomina. Escolha um desses filmes e escreva um ensaio sobre ele.

    e. A dança é uma forma de arte acessível a todos? Todos nós podemos nos mover de uma forma ou de outra; o que é a dança, além do movimento?

Unidade 4

Música: no ritmo da língua

VOCABULÁRIO

INSTRUMENTOS MUSICAIS

4-1. Identifique cada instrumento musical a partir do banco de palavras:

Flauta doce, oboé, piano, violino, flauta transversal, cavaquinho, berimbau, cuíca, violoncelo, pandeiro, harpa, trompa, tuba, clarineta, violão, bateria.

a. _____ Um pequeno instrumento com quatro cordas que é tocado por meio de um arco feito com crina de cavalo.

b. _____ Um instrumento de percussão que inclui vários outros instrumentos como tambores e pratos, por exemplo.

c. _____ É um tubo com buracos para sete dedos e um buraco para o polegar.

d. _____ Esse instrumento costumava ser feito de madeira, mas depois começou a ser feito de prata ou de outro metal, que dá um afinação melhor e torna mais fácil o uso das chaves.

e. _____ Um instrumento bem grande com um teclado; usam-se as mãos e os pés para tocá-lo.

f. _____ Um instrumento de seis cordas que é tocado com ambas as mãos. Uma das mãos dedilha as cordas e a outra as pressiona em diferentes posições.

g. _____ Um instrumento com 46 ou 47 cordas paralelas e sete pedais – quatro no pé direito e três no pé esquerdo. O instrumento é bem grande e tem o formato triangular.

h. _____ Um instrumento menor do que uma viola e que tem quatro cordas de tripa ou de metal. É relativamente parecido ao uquelele das ilhas havaianas.

i. _____ Um instrumento comprido com uma única corda; muito usado na capoeira.

j. _____ Instrumento de sopro feito de metal com três ou quatro chaves. Tem um tubo metálico enrolado várias vezes que se parece com um esguicho.

k. _____ Instrumento de percussão que tem uma pele esticada num aro de madeira. É um instrumento muito usado no samba, no pagode, no baião e no maracatu.

l. _____ Esse instrumento produz um som rouco e é feito com um pequeno barril. Uma das extremidades do barril é fechada, com uma pele bem esticada. Tem uma pequena tira ou vara de couro que, ao ser friccionada com a mão ou com um pano meio úmido, vibra, produzindo esse som rouco.

4-2. Identifique a profissão de cada músico/a.

a. Quem toca piano é _____.

b. Quem compõe música é _____.

c. Quem toca harpa é _____.

d. Quem canta é _____.

e. Quem toca flauta é _____.

f. Quem toca violino é _____.

g. Quem dirige uma orquestra é _____.

h. Quem toca bateria é _____.

4-3. Há algum músico que você admira que toque um dos instrumentos acima ou que dirija uma orquestra? Quem é?

4-4. Há algum instrumento acima que você espera poder tocar algum dia? Qual e por quê?

4-5. Você vai fazer uma entrevista em português com uma pessoa ligada ao mundo da música. Pode ser um compositor, um produtor, uma cantora, um instrumentista. Abaixo estão algumas informações básicas que você deve pedir ao entrevistado. Além disso, faça pelo menos quatro perguntas.

Dê sua ficha técnica.

Nome:

Nome artístico:

Profissão:

Relação com a música:

Local de nascimento:

Endereço atual:

4-6. A música composta em português tem tido alguma influência na música do seu país de origem e/ou vice-versa?

4-7. Você acha que a música composta em português e/ou produzida no mundo lusófono tem a importância que merece?

4-8. Onde você mora há uma comunidade de músicos com tradições musicais do mundo lusófono?

Gramática I

Presente do subjuntivo: usos e formas

Usos do subjuntivo: reconhecimento

4-9. Leia a carta abaixo e sublinhe todos os verbos que estão no presente do subjuntivo.

Querida prima,

Espero que esteja tudo bem com você. Escrevo porque talvez vá lhe fazer uma visita em breve. Você quer que eu leve alguma encomenda? Alguma partitura? Preciso que você me diga logo, para que possa ter tempo de fazer as compras com calma.

Mudando de assunto, você conhece alguém que queira comprar um violino? Não tenha medo! Eu não acho que precise vender o meu tão cedo. Embora goste de badalações, no fundo sou muito frugal. Aposto que você não acredita no que acabo de escrever. Sinto muito que você não me entenda. Mas quero que saiba que, mesmo que você não acredite que não sou mais aquela menina mimada, continuarei gostando de você como sempre gostei.

Na verdade, é a Carlinha que quer que eu venda o violino dela. Acho que ela está estressada. Ela não quer fazer nada sozinha e me solicita o tempo todo. Quer que eu faça isso e aquilo e mais não sei o quê. Enfim, a última é essa: ela quer que eu ache um comprador para o violino. Segundo ela, com o dinheiro da venda terá o suficiente para que possa fazer uma viagem ao Nordeste. Mas, conto a história toda pessoalmente. Este preâmbulo é apenas para aguçar sua curiosidade e fazer com que você fique com vontade de me ver.

Beijos e abraços,
Tati

Use a lista abaixo para conferir se você sublinhou todos os verbos no presente do subjuntivo que se encontram na carta de Tati. São eles:

a. Espero que esteja [...]; b. [...] talvez vá [...]; c. [...] você quer que eu leve [...]; d. Preciso que você me diga [...]; e. [...] para que possa [...]; f. [...] você conhece alguém que queira [...]; g. Eu não acho que precise [...]; h. Embora goste de [...]; i. Sinto muito que você não me entenda.; j. [...] quero que saiba [...]; k. [...] mesmo que você não acredite [...]; l. [...] que quer que eu venda [...]; m. Quer que eu faça [...]; n. [...] quer que eu ache [...]; o. [...] para que possa [...]; p. [...] fazer com que você fique [...]

É importante notar que, apesar da etiqueta "presente do subjuntivo", este tempo do modo subjuntivo exprime tanto o presente quanto o futuro:

Presente: Espero que esteja   Futuro: talvez vá

O presente do subjuntivo é também usado para indicar vontade, sentimento, dúvida e incerteza.

4-10. Use o quadro abaixo para classificar os verbos da carta que estão no presente do subjuntivo. Por exemplo, no contexto em que aparece, o verbo estar exprime vontade e traduz um sentimento presente.

Verbos no infinitivo	Verbos no presente do subjuntivo no contexto da carta de Tati	Dúvida; Vontade; Sentimento; Incerteza	Indica presente ou futuro
estar	Espero que esteja […]	Vontade	Presente

Verbos no infinitivo	Verbos no presente do subjuntivo no contexto da carta de Tati	Dúvida; Vontade; Sentimento; Incerteza	Indica presente ou futuro

4-11. Há palavras e expressões que geralmente desencadeiam o subjuntivo. Tome como ponto de partida a "Carta de Tati" e complete a lista abaixo até a letra "k". Siga o modelo do quadro "c" para evitar repetições. Os demais quadros já foram preenchidos para sua comodidade e referência para estudos futuros.

a. Esperar que	b.	c. Querer que (cinco vezes)	d.	e.
f.	g.	h.	i.	Duvidar que
Ainda que	Contanto que	Caso	É possível que	É provável que
É impossível que	É improvável que	Desde que	É bom que	É aconselhável que
É preciso que	É ridículo que	É importante que	É preferível que	É pena que
A menos que	Antes que	A fim de que	Sem que	Tomara que
Até que	Negar que	A não ser que	Sugerir que	Oxalá
Nem que	Não crer que	Opor-se a que	Desejar que	Pedir que

a. Espero que [...]; b. [...] talvez vá [...]; c. [...] quer que [...]; d. Preciso que [...]; e. alguém que queira [...]; f. Eu não acho que precise [....]; g. Embora goste de [...]; h. Sinto muito que; i. mesmo que você não acredite [...]

4-12. **Nada se perde, tudo se transforma...** Aproveite alguma leitura que você esteja fazendo em português – as deste livro não valem, é claro. Se você não estiver lendo nada, esta é uma boa oportunidade para procurar na biblioteca ou na internet um ou mais textos que você gostaria de ler. Ache pelo menos cinco verbos no subjuntivo. Transcreva a frase em que ocorre o subjuntivo e explique o fator que desencadeia seu uso.

a. _____

b. _____

c. _____

d. _____

e. _____

FORMAS DO SUBJUNTIVO: MÃO NA MASSA

Verbos regulares

Verbos terminados em **-ar**, muda-se o A para E.

Esperamos que gostem da entrevista que Newton nos deu.

Verbos terminados em **-er** e **-ir**, muda-se o E e o I para A.

É impossível que alguém não entenda Newton. Ele é tão claro e articulado.

É bom que todos nós assistamos à entrevista de Newton juntos.

Verbos irregulares

Há poucos verbos irregulares no presente do subjuntivo. Mas, atenção! São verbos que usamos com muita frequência. São eles:

Ser	Estar	Ir	Dar
eu seja	esteja	vá	dê
tu sejas	estejas	vás	dês
ele/ela seja	esteja	vá	dê
nós sejamos	estejamos	vamos	demos
eles/elas sejam	estejam	vão	deem

Saber	Haver	Querer	
eu saiba	haja	queira	
tu saibas	hajas	queiras	
ele/ela saiba	haja	queira	
nós saibamos	hajamos	queiramos	
eles/elas saibam	hajam	queiram	

4-13. Quem quer o quê? Observe o quadro e escreva perguntas e respostas seguindo o modelo abaixo.

Eu	Você	Marta e Magali	Magali e eu
meu marido fazer algumas aulas de violão.	todos vir aos shows de fado promovidos em sua comunidade.	nós estar prontas mais cedo para ir a um concerto de piano.	vocês vir conosco a um ensaio de uma escola de samba
minha filha saber apreciar música brasileira.	todos ter a oportunidade de aprender a tocar um instrumento.	Sílvia as ensinar a ler partituras.	vocês dizer quais são suas músicas prediletas.

Exemplo: Quem quer que Sílvia as ensine a ler partituras?

Marta e Magali querem que Sílvia as ensine a ler partituras.

a. _____

b. _____

c. _____

d. _____

e. _____

f. _____

g. _____

4-14 O professor quer que... Você está dizendo o que seu professor quer que você e seus colegas façam. Escreva as frases de acordo com o modelo.

Modelo: Eu faço muitas perguntas.

O professor quer que eu faça muitas perguntas.

a. Você faz a tarefa.

b. Ela traz o livro para a aula.

c. João não dorme durante a aula.

d. Nós saímos depois da aula.

e. Eles pensam antes de falar.

4-15. É preciso que... Você está dando conselhos para seus colegas. Comece seus conselhos com "É preciso que..."

Modelo: Você repete a resposta.

É preciso que você repita a resposta.

a. Ele diz a verdade.

b. Eles vêm cedo para a aula.

c. Ela entende as instruções do professor.

d. Eu volto cedo para casa.

e. Vocês prestam atenção.

4-16. Estilo próprio. Responda às perguntas abaixo.

a. O que um determinado estilo musical deve ter para que você se interesse por ele?

_____

b. Há algum estilo musical que seja de sua preferência?

_____

c. Há algum estilo musical que você ache desinteressante? Por quê?

d. Você conhece alguém que saiba tocar cuíca?

e. Caso você tenha que escolher entre uma voz feminina e uma masculina igualmente lindas, qual será sua escolha?

f. Ouvir música funciona para que você possa se descontrair depois de um dia estressante?

g. Você sabe o que é ouvido absoluto? Caso não saiba, faça uma pesquisa e descubra do que se trata.

h. Você conhece alguém, com pelo menos sessenta anos, que queira começar a aprender a tocar um instrumento?

4-17. Procure um lusófono para entrevistar na sua comunidade ou recorra a sua comunidade virtual. Faça as perguntas do exercício acima e depois escreva as respostas abaixo. Seu/sua professor/a poderá pedir que você compartilhe o que descobriu com o resto da turma em sala de aula.

a.

b.

c.

d.

e. _____

f. _____

INDICATIVO OU SUBJUNTIVO

O subjuntivo tende a ocorrer em orações subordinadas introduzidas por conjunções ("que", "embora", "caso" etc.) e por pronomes relativos (que, quem, cujo, o/a qual, onde).

Exemplos: Embora seja muito talentosa, Kátia é bastante preguiçosa.

Quero ter aulas de violão com alguém que saiba tanto de música popular quanto Newton.

4-18. Observe o quadro abaixo e em seguida comente em qual contexto ocorre o indicativo e em qual ocorre o subjuntivo.

Quero conhecer alguém que possa me ajudar a aprender a tocar violão.	Conheço alguém que pode me ajudar a aprender a tocar violão.
Quero um táxi que me leve ao concerto.	Quero o táxi que me leva ao concerto.
Quero conhecer um músico que saiba analisar meus projetos.	Quero conhecer o músico que sabe analisar meus projetos.

Comentários:

a. _____

b. _____

c. _____

d. _____

e. _____

_____

f. _____

_____

4-19. Complete com o subjuntivo ou indicativo conforme necessário.

a. Embora ele _____ (saber) a verdade sobre esse cantor, ele não fala nada a ninguém.

b. Já que você _____ (quebrar) todos os instrumentos, vamos ter que comprar outros.

c. Visto que o tempo _____ (estar) bom, vamos ao show na praia.

d. Vamos cantar até que o sol _____ (nascer).

e. Eu sempre compro CDs para os meus amigos quando _____ (ter) dinheiro.

f. Ainda que ele _____ (fazer) tudo por ela, Joana continua infeliz.

g. Eles não viajam sem que um grupo de pessoas _____ (organizar) tudo.

h. Vocês praticam muito para que _____ (se tornar) bons músicos.

4-20. Entrevista. Coloque-se no papel de um/a cantor/a. Você precisa contratar uma banda para acompanhá-lo/a. Crie uma entrevista com um/a ou mais músicos. Quais são as expectativas de ambas as partes? [mínimo de cinco perguntas e cinco respostas]

Exemplo: Onde você prefere se apresentar?

Eu prefiro me apresentar num lugar que seja ao ar livre.

4-21. Aqui estão os nomes de vários cantores/cantoras e também grupos musicais. Usando verbos no presente do subjuntivo, crie frases sobre essas pessoas ou bandas. Caso não conheça esses músicos, faça uma pesquisa na internet.

Por exemplo: Tomara que o Milton Nascimento cante outra vez em Boston. A voz dele é incrivelmente doce. É bom que ele venha outra vez.

Madredeus, Toquinho, Cesária Évora, Amália Rodrigues, Martinho da Vila, Jorge Benjor, Simone, Valete, Cidade Negra, Ney Matogrosso, Céu, Tcheka.

1. _____

2. _____

3. _____

4. _____

5. _____

6. _____

7. _____

8. _____

9. _____

10. _____

Gramática II

Pronomes pessoais dos casos reto e oblíquo

Tanto o objeto direto quanto o indireto estão estreitamente ligados ao verbo. O objeto direto, como sugere o próprio título, indica o "objeto" ou "ser" sobre o qual recai a ação do verbo diretamente. Responde às perguntas *o quê? quem?*

Paula toca cavaquinho.

O objeto indireto refere-se ao "objeto" ou "ser" sobre o qual recai a ação do verbo de forma indireta. Responde às perguntas *a/para (o) quê?* bem como *a/para quem?*

Paula telefonou para sua produtora.

Os complementos de objeto direto e indireto podem ser substituídos por pronomes. Como veremos a seguir, há diferenças entre o português europeu e o português brasileiro e entre a língua escrita padrão e a língua falada. Comecemos pela norma escrita padrão comum ao Brasil e a Portugal. Os pronomes podem ser resumidos no quadro abaixo:

Norma escrita padrão em Portugal e no Brasil

Sujeito	Objeto direto	Objeto indireto
Eu	me	me
Tu	te	te
Você	o, a	lhe
Ela/Ele	o, a	lhe
Nós	vos	nos
Vós[3]	vos	vos
Vocês	os/as	lhes
Elas/Eles	os/as	lhes

As línguas são seres vivos e, portanto, estão em constante transformação. Obviamente, a língua portuguesa não é diferente das demais nesse aspecto. Existem atualmente cerca de 400 milhões de falantes no mundo inteiro que a enriquecem em diversos níveis: pronúncia, vocabulário, gramática etc. Esse enriquecimento gera mudanças que nem sempre são consideradas padrão e, portanto, não são aceitas na modalidade escrita.

Uma das particularidades importantes do português brasileiro falado em relação à variante europeia reside precisamente no sistema pronominal, tal como observamos no quadro abaixo, adaptado de Perini (2002).

O sistema pronominal usado no Brasil na fala cotidiana

Sujeito	Objeto direto/indireto
Eu	me
Tu	te
Você	te ~ você
Ela/Ele	ele/ela
Nós	nos
Vocês	vocês
Elas/Eles	elas/eles

Observamos que na variante falada do português brasileiro os mesmos pronomes são empregados tanto para o objeto direto quanto para o indireto.

Outra observação importante é o uso de "você" e de "te". Na variante brasileira, "você" é empregado como se fosse um objeto direto/indireto. Consequentemente, tende a ser colocado após o verbo, como em: O maestro conhece você.

No caso de "te", este passa a funcionar como um clítico, ou seja, casos em que são usados para exprimir tanto o objeto direto quanto o indireto, mas nunca vêm antecedidos por preposição. Como são átonos, provocam mudanças na colocação pronominal. O exemplo acima ficaria: O maestro te conhece.

Finalmente, "o/a" bem como seus plurais "os/as" estão ocorrendo cada vez mais apenas na escrita. Na fala, vêm sendo substituídos por "ele/ela" e seus plurais "eles"/ "elas", como em: O maestro conhece todos os músicos da orquestra?

---

3   No Brasil, tanto na fala quanto na escrita, o pronome "vós" está caindo em desuso. Em Portugal, porém, ainda é bastante comum em certas regiões do interior.

Sim, ele os conhece. (escrita)

Sim, ele conhece todos eles/todos os músicos. (fala)

Na fala não monitorada é bastante comum ouvirmos:

Meu irmão é um pianista famoso. Você conhece ele.

De O, A, OS, AS para LO, LA, LOS, LAS e NO, NA, NOS, NAS.

Em certos contextos linguísticos, "a/o" e seu plurais transformam-se em "lo/la" e seus plurais. Em outros contextos, a mudança é para "no/na" e seus plurais.

Caso "a/o" e seus plurais ocorram depois do infinitivo ou de terminações verbais em -S, -Z ou -R, a consoante final é eliminada e em seu lugar a consoante "L" aparece, como nos exemplos abaixo. Colocamos entre parênteses a forma bastante comum na fala não monitorada.

Você precisa memorizar essa partitura?

Sim, preciso memorizá-la. (Sim, preciso memorizar ela.)

Laura: Fernando, você vai comprar o CD da Mônica Salmaso?

Fernando: Claro que vou comprá-lo. (Claro que vou comprar ele.)

Patrícia e Dudu: Vocês já compraram os ingressos do show?

Arlete e Anete: Sim, compramo-los com prazer. (Sim, compramos eles com prazer.)

Priscila: A Mariana faz tortas bem.

Camila: Fá-las muito bem. (Faz elas muito bem.)

Caso "a/o" e seus plurais ocorram após formas verbais terminadas em nasais (-m, -ão, -õe, -ões, -õem), os pronomes passam a "no," "na", "nos", "nas".

Colocação dos pronomes pessoais dos casos reto e oblíquo

Você me daria um violino de presente, papai? (PB fala)

Dê-me um violino de presente, papai. (PE fala e escrita; PB escrita)

Na língua falada, as variantes brasileira e europeia apresentam diferenças significativas no que diz respeito à colocação dos pronomes pessoais dos casos reto e oblíquo.

No Brasil, é mais comum colocar os clíticos antes do verbo, ao passo que em Portugal acontece o oposto, a tendência é colocá-los depois do verbo. Há ainda um fenômeno raro conhecido como mesóclise, que basicamente corta o verbo em dois e coloca o pronome no meio:

Dar-lhe-ei um lindo piano de concerto. (raríssima na escrita PB e quase inexistente na fala; também uso restrito PE nas duas modalidades)

Tudo bem. Mas eu gosto mesmo é de violino.

Quando há mais de um verbo, é necessário levar em conta tanto os tipos de verbos quanto os pronomes. Observe o quadro abaixo, que espelha a variante escrita padrão em PB e em PE:

	Verbo conjugado + infinitivo		Verbo conjugado + particípio	
Pronomes	A, O, AS, OS	ME, TE, LHE, LHES, NOS	A, O, AS, OS	ME, TE, LHE, LHES, NOS
Colocação	DEPOIS	MEIO	ANTES	MEIO
Exemplos	Nós vamos tocá-lo.	Vão lhe mandar as partituras pelo correio.	Vocês os têm visto sempre?	Eu lhe teria dito que chegasse mais cedo.

Observação: como já comentamos, em PB uma das tendência nas falas não monitoradas é a de colocar pronomes pessoais do caso reto em lugar de pronomes pessoais do caso oblíquo. Outra seria a substituição da terceira pessoa pela segunda pessoa, seja do plural ou do singular. Portanto, os exemplos acima ficariam:

Nós vamos tocar eles.

Vão te mandar as partituras pelo correio.

Vocês têm visto eles sempre?

Vou te pedir que chegue mais cedo aos ensaios.

4-22. Complete as sentenças usando os verbos e os pronomes pessoais do caso reto adequados.

a. Eu tenho uma flauta. Preciso _____.

b. Nós estamos atrasados para o show. Precisamos pegar um táxi. Sim, precisamos _____.

c. Você recebeu os ingressos para o show? Sim, eu _____.

d. Vocês querem mandar um cartão para os seus avós agradecendo o convite para o show? Sim, precisamos _____.

e. Vou telefonar para você amanhã. Não, não _____. Eu quero dormir até mais tarde amanhã.

4-23. Substitua as palavras grifadas por pronomes pessoais do caso reto (registro culto, fala monitorada).

a. Ângela escreve uma canção para mim.

b. Eu compreendo a letra da sua música.

c. Ela compra uma música no iTunes diariamente.

d. Ele dá CDs para você e eu.

e. Ele compra muitas partituras.

f. Eu visito o meu irmão frequentemente.

g. Vocês encontram a Carmen diariamente.

h. Você compreende <u>os cantores de rap</u> quando eles cantam?

i. Ela dá <u>aulas de canto</u> para nós.

j. Ele vende <u>instrumentos</u>.

4-24. Com dois verbos.

a. Eu vou ler <u>o artigo</u> sobre os shows no jornal.

b. Ela vai comprar <u>um par de sapatos</u> para dançar na gafieira.

c. Vocês vão comer <u>um carneiro</u> inteiro??!!

d. Nós vamos comprar <u>um CD</u>.

e. Eu vou vender <u>meu carro</u>.

f. Ele vai escrever <u>uma carta</u>.

g. Nós vamos correr <u>uma maratona</u>.

h. Vocês vão aprender <u>uma língua estrangeira</u>.

4-25. Substitua as palavras grifadas por pronomes pessoais do caso oblíquo.

a. Mário vende mansões para <u>os cantores famosos que têm muito dinheiro</u>.

b. Ela dá flores para <u>a sua mãe</u> depois de cada espetáculo.

c. Eu escrevo canções para <u>os meus amigos</u> todos os meses.

d. Nós telefonamos para <u>os parentes</u> em Portugal toda semana.

e. Eles dão presentes de aniversário para <u>você, nossos filhos e eu</u>.

4-26. Escreva oito frases: três usando pronomes pessoais do caso reto com um verbo, três frases usando pronomes pessoais do caso reto com dois verbos, e duas frases usando pronomes pessoais do caso oblíquo.

a. _____

b. _____

c. _____

d. _____

e. _____

f. _____

g. _____

h. _____

Gramática III

Gerúndio

Os falantes nativos de inglês usam muito mais amplamente o gerúndio do que os falantes de português. No livro-texto já estudamos alguns casos em que a língua inglesa segue trilhas diferentes da língua portuguesa no que diz respeito ao emprego do gerúndio. Vejamos algumas divergências:

Após preposições:

He's not interested in talking to us about his success.

Ele não está interessado em falar conosco sobre seu sucesso.

Como substantivo [para transformar um verbo em substantivo]:

Singing is my favorite hobby.

Cantar é meu passatempo preferido.

Conjugado no presente do indicativo ou no pretérito imperfeito, o gerúndio serve para indicar uma ação que ocorre ao mesmo tempo que outra. Observe os exemplos abaixo:

Eu *estou preparando* o almoço enquanto você passa a roupa.

Luís *estava lavando* o carro quando o carteiro chegou.

Minha preocupação *foi crescendo* à medida que a noite caía.

4-27. Identifique os gerúndios no trecho da poesia abaixo.

Sinceridade, de Alberto Caeiro

E assim escrevo, querendo sentir a Natureza nem sequer como um homem,

Mas como quem sente a Natureza e mais nada.

E assim escrevo, ora bem, ora mal,

Ora acertando com o que quero dizer, ora errando,

Caindo aqui, levantando-me acolá,

Mas indo sempre no meu caminho como um cego teimoso.

  a. Quem foi Alberto Caeiro? Qual é sua relação com Fernando Pessoa?

4-28. A partir dos exemplos contidos nas explicações gramaticais, escreva cinco frases utilizando o gerúndio ao lado de um verbo auxiliar.

   a. _____

   b. _____

   c. _____

   d. _____

   e. _____

4-29. A partir dos exemplos contidos nas explicações gramaticais, escreva um pequeno texto ou um diálogo curto usando o gerúndio.

_____

_____

_____

_____

_____

4-30. Na canção "Two naira fifty kobo", de Caetano Veloso, o gerúndio é empregado algumas vezes. Identifique os verbos que estão no gerúndio e compare-os com os que estão no infinitivo. Encontre a canção na internet e comente o uso do gerúndio.

Retomando a leitura

4-31. Agora, releia o texto "Estrelas luso-afro-brasileiras" e responda às perguntas abaixo.

   a. Encontre todos os espaços geográficos citados no texto do Dário Borim. De que países vêm esses artistas? Onde já viveram?

   b. Encontre na internet a letra de pelo menos uma música de cada um deles. Pense no espaço geográfico de cada um e como o espaço influencia a música de cada um deles. Escreva a letra de uma música de um deles que o/ a tocou.

   c. Dê exemplos dos públicos que foram assistir a cada um dos espetáculos. Quem eram? Como reagiram?

   d. O que você acha dos shows ao vivo? Você gosta de assistir a shows ao vivo ou prefere escutar música no seu iPod ou em casa? Por quê?

Diálogo

A arte no cotidiano

Uma turma de cinquentões procura formas de retardar o envelhecimento. Maurício, Virgínia e Arnaldo estão num barzinho na Zona Sul do Rio conversando sobre um show a que foram assistir na praia. A fala deles é extremamente monitorada. Sublinhe as características ditas "cultas" do trecho transcrito abaixo.

Maurício: Fiquei feliz de ver tantos cantores bons! Que delícia poder ver os ídolos da MPB juntos. Foi um show maravilhoso.

Virgínia: Eu também gostei, e espero que possa vê-los novamente. Meus pais assistiram a muitos shows com o Caetano, a Gal, a Simone, o Milton Nascimento e os outros.

Arnaldo: Eu amei também, mas senti muito a falta do Chico Buarque. Para mim a ausência dele foi um enorme buraco numa noite quase perfeita. Tomara que ele faça um show logo mais.

Virgínia: Você tem razão, Arnaldo, mas imagino que ele tenha muitos compromissos.

Maurício: Bem, qualquer show que tenha a linda voz do Milton Nascimento já é um show com algo mais. A voz dele é algo do outro mundo e nos impregna como a de ninguém.

Virgínia: Quando ele cantou *Caçador de mim* eu quase chorei...

Arnaldo: E a Gal e a Simone num duelo poético no palco? É algo que eu imagino que nunca mais vá ver outra vez.

Virgínia: É mesmo incrível o poder da música, não é? Um ritmo, a letra duma música e todos nós nos sentimos transformados pelas emoções de alegria ou tristeza e transportados para lugares e tempos distantes.

Maurício: Acho que eu poderia passar a vida falando sobre música. As letras das músicas são muito importantes e muitos músicos são verdadeiros poetas, como o Vinicius de Moraes e o próprio Chico Buarque e, da nossa geração, o Lenine. Meus pais falam das letras das músicas na época da ditadura e eu fico imaginando o que elas significaram para eles.

Arnaldo: Os meus pais lembram-se do Geraldo Vandré cantando *Para não dizer que não falei das flores* e também de toda a controvérsia em relação ao Wilson Simonal que veio à tona no documentário recente sobre a sua vida.

Maurício: É bom que a gente lembre que a música nos toca e que também conta a história do nosso país.

Virgínia: Obrigada por comprar os ingressos para nós, Arnaldo. Tomara que a gente assista a outros shows junto. Foi caro, mas valeu a pena!

Caderno de produção Música: no ritmo da língua

4-32. Trabalhando o diálogo.

a. Encontre todos os verbos acima no presente do subjuntivo.

b. Reescreva ao menos quatro das frases no presente do subjuntivo usando o presente do indicativo.

c. Encontre todos os pronomes pessoais do caso reto no diálogo.

d. Escreva um diálogo falando de um show a que você assistiu com amigos.

VÍDEO

4-33. Assista à entrevista com Newton. Responda às perguntas abaixo.

a. Onde o Newton estudou no Brasil? Ele terminou o curso? No que ele se formou?

b. Qual é o nome do grupo do qual o Newton participa? O que ele toca? E os outros do grupo?

c. Há quantos anos eles tocam juntos?

d. O Newton comenta que no Brasil as pessoas se tornam amigas tocando violão. Por que o violão em particular? Há outros instrumentos que têm esse dom de unir pessoas?

e. Hoje em dia, como os jovens da sua cultura socializam?

f. No colégio ou na universidade?

g. Você fez ou faz parte de quais grupos no colégio ou na universidade?

4-34. Assista à segunda parte da entrevista com o Newton. Responda às perguntas abaixo.

a. Qual foi a frase que o Vinicius de Moraes disse em relação ao samba que ficou gravada na memória das pessoas? Quem foi Vinicius de Moraes? Apresente uma pequena biografia dele e explique por que ele foi importante para a música popular brasileira. Descubra o que mais ele deixou como herança.

b. Com quantos anos o Newton foi para Campinas? A família do Newton vem de que países? Encontre a cidade de Campinas no mapa e também o lugar de onde vem a família do Newton.

c. Quem foi Adoniran Barbosa?

4-35. Agora assista ao vídeo e depois preencha as lacunas com a fala do Newton.

A música é um fator fundamental na cultura brasileira. Está (1)_____ na sociedade inteira. Inclusive é um dos grandes (2) _____ de difusão da cultura brasileira no mundo. Na década de (3) _____, já na década de (4) _____, músicos brasileiros foram para a Europa se apresentar lá. (5) _____ fez isso com o conjunto dele, na década de 40. *Aquarela do Brasil*, que é o segundo hino nacional brasileiro, é uma música que (6) _____ a uma linha de samba chamada samba (7) _____, que é um samba que exalta as qualidades positivas da cultura brasileira. Essa música foi uma das mais tocadas no mundo, pouca gente não conhece *Aquarela do Brasil*. E depois, lá no final da década de (8) _____, da década de (9) _____, a bossa nova, que captou influências do jazz americano, misturou com as coisas brasileiras e voltou pro mundo mostrando a (10) _____ musical que o Brasil tem. Então, pra mim a música brasileira é um grande passaporte para a cultura brasileira.

4-36. Responda às perguntas abaixo.

a. Encontre o *Hino Nacional Brasileiro* e interprete-o. Em seguida encontre outro hino nacional de um país de fala portuguesa e interprete-o também.

b. Além da música, o que mais podemos dizer que é um passaporte para a cultura brasileira? E para Portugal, qual seria o passaporte? E para Moçambique? O que você considera um passaporte para a cultura do seu país?

CHAMADA PARA A ESCRITA

4-37. Escolha um dos temas seguintes para escrever um ensaio.

a. Pensando no diálogo acima, escreva um ensaio falando sobre a relação da música popular brasileira com a ditadura militar. Você pode escolher um músico ou uma letra como exemplos.

b. Escreva um ensaio sobre Geraldo Vandré.

c. Assista ao documentário sobre Wilson Simonal e faça uma pequena resenha.

Em quais contextos da sua vida você gosta de ouvir música? Escreva um ensaio sobre um desses contextos.

d. A música está nas entranhas das culturas de fala portuguesa. Escolha um dos seguintes filmes em que a música predomina e escreva um ensaio: *Fados*, *Favela Rising*, *Nha Fala*, *Palavra encantada* e *Vinicius de Moraes*.

e. Qual músico ou cantor/a é uma paixão antiga sua? Qual músico ou cantor/a é uma paixão nova? Escreva sobre eles.

f. Você já escreveu a letra de uma música? Se sim, traduza-a para o português. Se não, escreva a letra para uma música em português.

Unidade 5

Pintura: labirinto de sonhos e lembranças

Vocabulário

Pintor/a, pincel, tinta, tinta à oleo, obra, quadro, moldura, pintar, mural, papel, tarja, painel, representação, impressionismo, dadaísmo, expressionismo, surrealismo, tom, cores, textura, aquarela.

5-1. Você vai entrevistar um/a pintor/a. Usando ao menos cinco das palavras acima, crie cinco perguntas para o/a pintor/a. Você pode escolher um artista contemporâneo ou, usando a sua imaginação, um artista da Antiguidade ou da Idade Média, por exemplo.

a. _____
b. _____
c. _____
d. _____
e. _____

5-2. Imagine agora que você é um/a pintor/a. O que ou quem você gostaria de pintar? Quais cores você usaria? Quais materiais você usaria? Seria uma pintura abstrata? Realista? Escreva sobre o seu quadro imaginário.

Gramática I

Imperfeito do subjuntivo

Como empregar o imperfeito do subjuntivo.

Como indicamos anteriormente, o presente e o imperfeito do subjuntivo são usados praticamente nas mesmas situações. Portanto, as conjunções que desencadeiam o presente do subjuntivo também desencadeiam o imperfeito. A recíproca, no entanto, não é verdadeira. Há conjunções que são compartilhadas apenas entre o imperfeito e o futuro do subjuntivo:

Conforme

Logo que

Assim que

Depois que

Enquanto

Quando

Se

Outra diferença importante – e óbvia – é que o imperfeito do subjuntivo refere-se ao passado. O verbo da oração principal pode estar no pretérito perfeito ou no imperfeito. O imperfeito do subjuntivo expressa uma situação simultânea ou posterior à indicada pelo verbo na oração principal.

As conjunções acima arroladas desencadeiam o imperfeito do subjuntivo se o verbo da oração principal estiver no condicional. Se o verbo da oração principal estiver no pretérito, usa-se o indicativo:

Eu desenharia tudo conforme fosse necessário.

Eu desenhei tudo conforme foi necessário.

O imperfeito do subjuntivo é usado para expressar uma ação que poderia ter sido feita mas não foi.

Se Ana se dedicasse à pintura, seria uma pessoa muito mais tranquila.

Formas

A maneira mais fácil de chegar às formas do imperfeito do subjuntivo é tomar a terceira pessoa do plural do pretérito perfeito do indicativo como ponto de partida, eliminar o –**RAM** final e substituí-lo por –**SSE**.

Exemplo: Pretérito perfeito do verbo "querer"   Imperfeito do subjuntivo

            Eu quis   que eu quisesse

            Tu quiseste

            Ele quis

            Nós quisemos

            Vocês quiseram

5-3. Complete as frases com o verbo entre parênteses no imperfeito do subjuntivo.

O médico recomendou-lhe que não _____(passar) muito tempo em frente ao computador.

Eu não quis que meus pais _____(comprar) um cavalete novo para mim.

Eles me pediram que eu lhes _____(escrever) uma carta todos os meses.

Para que ela _____(guardar) todos os livros de história da arte na última prateleira seria necessário subir numa escada.

Foi importante que o professor _____(insistir) muito para que eles _____(estudar) para os exames finais sobre a arte barroca.

Para que os pintores _____(terminar) o quadro em um mês seria preciso trabalharem muitas horas por dia.

Cristina estava com receio de que nós não _____(chegar) a tempo para a abertura da sua exposição.

A bibliotecária pediu que ele _____(falar) mais baixo.

Dirigi devagar para que eles _____(aprender) o caminho para o Museu de Belas Artes.

Se Jorge me _____ (pedir), eu iria ao estúdio para ele.

O diretor pediu para que os alunos _____(chegar) mais cedo à escola.

Ela quis que seus filhos_____(viajar) ontem para a universidade.

5-4. Complete as frases com o verbo entre parênteses no imperfeito do subjuntivo (verbos irregulares).

Embora eu _____ (saber) a canção não quis cantá-la.

Pensei que nossos primos _____ (poder) ir à galeria conosco.

Meu chefe pediu que eu _____ (ser) mais atento aos nossos convidados.

Os médicos pediram que nós _____ (ir) visitá-los apenas à tarde.

Rita precisou telefonar muitas vezes ao diretor do museu para que ele _____ (vir) pegar o quadro que ela doou ao museu.

Minha amiga insistiu para que eu _____ (assisti) àquele filme sobre Pablo Picasso.

Eu pedi à diretora do museu que _____ (ter) paciência com o novo estagiário.

O diretor da galeria solicitou-lhe que _____ (estar) no escritório para a reunião às nove horas.

Se nós _____ (saber) seu endereço o visitaríamos quando estivemos em Minas Gerais.

Se meus pais _____ (poder) construiriam uma casa com materiais renováveis em alguma praia da Bahia.

5-5. Imperfeito do subjuntivo. Conjugue o verbo entre parênteses no imperfeito do subjuntivo. Em caso de pergunta, por favor responda.

a. Se você (ter) _____ duzentos e cinquenta mil dólares e só (poder) _____ gastar em arte, o que você compraria?

b. Caso você (poder) _____ ser um outro ser (não humano), o que você seria?

c. Eu esperei que você (chegar) _____ para a exposição, mas isso não aconteceu, infelizmente.

d. Ele queria que eu (ir) _____ com ele ao MASP, então fui.

e. Se você (conseguir) _____ ter um ano sem obrigações ou responsabilidades, o que você faria?

f. Se você (comprar) _____ só uma coisa, o que seria?

g. Eu liguei para ela com a esperança de que ela (estar) _____ disponível para nos ajudar.

5-6. Use sua imaginação para essas possibilidades. Lembre-se de usar verbos no imperfeito do subjuntivo.

a. Se eu _____, viajaria para os Açores e a Ilha da Madeira.

b. Queria que ela _____ mais nos dias de folga.

c. Duvidaram que eles _____ o criminoso.

d. Terminei o trabalho antes que o meu chefe _____.

e. Gostaria de ir à praia, mesmo que _____.

f. Talvez eu _____ para minha família no fim de semana.

g. Se eu _____, não iria todos os dias ao restaurante.

h. Se eles _____, poderiam sair de férias.

i. Para que eu não _____, saí mais cedo do trabalho.

j. Ela não acreditaria em mais nada que ele _____.

5-7. Use o imperfeito do subjuntivo conforme o exemplo:

Ele vai à universidade.

Esperava que ele fosse à universidade.

a. Pedro sabe resolver o problema do computador.
_____

b. Ele quer trabalhar na agência de turismo.
_____

c. Suzana pode nos ajudar a organizar a festa.
_____

d. Ela vem a nossa casa.
_____

e. Eles pintam a nossa casa.
_____

f. Maria chega cedo para a reunião.
_____

g. Adriano tem tempo para conversarmos sobre a sua última obra de arte.
_____

h. Mônica e Daniela trazem a nossa encomenda da galeria.
_____

i. Ela diz a verdade.
_____

j. Minha tia faz bolo de fubá.
_____

5-8. Transformações (presente e imperfeito do subjuntivo).

a. Alexa está em casa. É provável que _____.

b. Antônio estava em casa. Era provável que _____.

c. Você não vai ao cinema hoje à noite. É pena que _____.

d. Miguel veste jeans e camiseta. Talvez _____.

e. Katie é americana. Duvido que _____ porque fala português sem sotaque!

f. Matt não tem sotaque. É curioso que _____.

g. Lisa sabe dançar bem o samba. É curioso que _____ porque ela não é brasileira! Não é preciso ser brasileira para dançar bem o samba!

h. Nina diz sempre a verdade. Sua mãe prefere que _____.

i. Evan não mente. Seu pai quer que _____.

j. Guillermo não praticava piano nunca. Sua mãe, Dona Teresa queria que _____.

k. Mônica passa no exame de português. É certo que _____.

l. Diana passa no exame de português. Não é certo que _____.

m. Os alunos trazem seus desenhos para a classe. O professor pede que _____.

n. Os alunos trouxeram seus desenhos para a classe. O professor pediu que _____.

o. Vocês começaram a estudar para o exame. O professor sugeriu que _____.

p. Meu namorado paga a conta. Espero que _____.

q. Minha namorada pagou a conta. Todos esperavam que _____.

r. Meu amigo perde dinheiro quando faz apostas com os amigos. É provável que _____.

s. Leo observa a luz cuidadosamente quando pinta. É bom que _____.

t. Madalena observa a luz cuidadosamente quando pinta. Convém que _____.

u. Os alunos de pintura chegam cedo na vernissage. O artista prefere que _____.

v. Os alunos de pintura chegaram cedo na vernissage. O artista preferia que _____.

w. Os estudantes de canto chegam cedo. O professor gosta que _____.

x. Os estudantes de canto chegam cedo. O professor gostaria que _____.

5-9. Escreva duas frases com o imperfeito do subjuntivo de acordo com as orientações abaixo.

   a. Desejo: _____

   _____

   b. Dúvida: _____

   _____

   c. Sugestão: _____

   _____

   d. Possibilidade: _____

   _____

Gramática II

Pronomes relativos

Trata-se de pronomes que fazem referência a um termo já mencionado no texto o que o substituem. Os pronomes relativos podem estar acompanhados ou não de preposições. Alguns são variáveis [o qual, a qual, os quais, as quais; cujo, cuja, cujos, cujas; quanto, quanta, quantos, quantas]. Outros são invariáveis [como, quando, que, quem, onde].

*QUE

É o pronome relativo mais usado e, por isso, é também conhecido como "universal". Pode ser substituído por **o qual, a qual, os quais, as quais,** quando seu antecedente for um substantivo.

Exemplos: *O quadro que minha cunhada pintou é lindo. (= o qual)*

A pintora que veio aqui é simpática. (= a qual)

Os críticos que você conheceu jantaram conosco. (os quais)

As cantoras que expuseram aqui não são brasileiras. (as quais)

Caderno de produção   Pintura: labirinto de sonhos e lembranças

Outra razão para sua grande incidência é que há falantes que não dominam completamente o registro padrão ou não veem a necessidade de usá-lo em certos contextos. Por exemplo, o uso de certos verbos preposicionados como "gostar de" pode sugerir pedantismo do enunciador. Por isso, frases como as da coluna da esquerda são menos usuais que as da coluna da direita:

Exemplos:

Escolha os quadros de que você gosta.   *Escolha os quadros que você gosta.*

Os quadros dos quais você gosta.   *Os quadros que você gosta.*

ONDE

Indica lugar e pode ser substituído por "em que":

O museu onde está o Abaporu, *de Tarsila do Amaral, fica na Argentina.*

QUEM

Refere-se a pessoas e é precedido de preposição.

A pintora com quem Maria ia ao cinema todas as semanas mudou-se para Roma.

CUJO, CUJA, CUJOS, CUJAS

O pronome "cujo", e suas variações, não concorda com o termo que o precede, mas sim com o que o sucede.

Retrataram apenas mulheres cujos pais eram ricos.

Não se usa artigo definido entre o relativo e o substantivo subsequente. Portanto, de acordo com a gramática normativa, a frase abaixo está incorreta caso o artigo definido entre parêntesis permaneça.

Compraram apenas quadros cujas (as) pintoras eram consagradas.

COMO e QUANDO

São pronomes relativos quando, depois de um substantivo, introduzem uma sentença que especifique tempo (quando) e modo (como).

Este é o mês quando acontece a Bienal de São Paulo.

Não consigo entender o modo como elas conseguem compor quadros tão diferentes a partir da mesma paisagem.

QUANTO, QUANTA, QUANTOS

São pronomes relativos quando introduzem orações após os pronomes indefinidos *tudo, todos* ou *todas.*

Pintei tudo o que queria.

5-10. Indique os pronomes relativos e os respectivos antecedentes.

a. Teodoro chamou o aluno que estava na biblioteca.

b. O rapaz, minha querida, a quem dizes amar, não te ama.

c. Onde você guardou aquele presente embrulhado em papel prateado que lhe mostrei?

d. Aqui está o documento cujo conteúdo ele desconhecia.

f. Disse-me Joana: "Aqui estão os contratos que vos pretendo entregar".

g. É essa a cidade onde você quer morar?

h. O país, cuja população cresce rapidamente, enfrenta sérios problemas sociais.

i. "O sol declinava no horizonte e deitava-se sobre as grandes florestas, que iluminava com seus últimos raios." (José de Alencar)

j. A artista plástica de quem lhe falei fará uma exposição na próxima semana.

k. Os políticos de cujos ideais discordamos têm muito boa fama.

l. Esse parque onde costumo caminhar tem restaurantes vegetarianos deliciosos.

5-11. Preencha os espaços em branco com pronomes relativos (que, qual, onde, cujo, quem).

a. O vendedor _____ me telefonou era muito mal educado.

b. O CD de _____ eu falei foi gravado no ano passado.

c. O assunto do _____ estávamos falando é muito delicado.

d. O apartamento, _____ é muito pequeno, fica no East Side.

e. O banco _____ funcionários estão em greve é muito antigo.

f. De _____ é esse livro?

g. O apartamento em _____ moramos fica na rua Hope.

h. A janela pela _____ ele fugiu estava trancada.

i. Eu aprecio _____ reconhece seus erros.

j. Eu sei com _____ você foi ao cinema.

5-12. Complete com um dos seguintes pronomes relativos: que – quem – onde – o qual – a qual – os quais – as quais – cujo – cuja – cujos – cujas – quanto – quanta – quantos – quantas.

a. Não sei de _____ foi essa ideia.

b. Este é o colégio _____ estudei.

c. Vera é uma boa amiga _____ só pensa em ajudar os que dela precisam.

d. Jorge Amado, _____ obras são impressionantes, era um dos grandes expoentes de nossa literatura.

e. Paulo deu uma informação ao policial sem _____ ele não desvendaria o crime.

f. As colegas com _____ trabalhei durante o verão, agora estão morando no Brasil.

g. Durante o verão visitei a casa _____ morei quando era criança.

h. Aquele menino, _____ roupa está suja, parece com meu filho.

i. Não sei _____ teve a brilhante idéia de convidar Laura para trabalhar conosco.

j. Adorei o presente _____ você deu a Paula!

k. O filme _____ vi ontem é maravilhoso.

5-13. Circule a opção com o pronome relativo adequado.

a. Esta é a novela que OU de que o povo gosta.

b. A seleção brasileira acabou marcando o gol que OU de que tanto precisava.

c. Esta é a tecnologia que OU em que a indústria confia.

d. Estes são os gráficos que OU a que fizeram referência.

e. Este é o professor que OU quem OU a quem sempre admirei.

f. Aqui está a lista dos alunos que OU com que OU com quem pretendo levar para a Bahia.

g. Ainda não conheço a substituta do diretor de quem OU da qual OU do qual o chefe fala sempre.

h. Não gosto muito do filme sobre que OU sobre o qual conversamos ontem no bar.

i. Isto aconteceu no mês durante que OU durante o qual fizemos um curso de Português.

j. É um ator cujo OU cujo o trabalho é sempre muito elogiado.

k. Ela é uma médica cujos OU com cujos OU com os quais procedimentos respeitamos muito.

l. É uma política cujas OU contra cujas OU contra as quais ideias lutamos por toda a vida.

5-14. Complete os espaços em branco com o pronome relativo adequado, precedido ou não de preposição.

a. São estes os voluntários _____ a instituição depende tanto.

b. Compramos os jornais _____ páginas vi a tal reportagem.

c. Aqui estão os perfumes _____ se fez tanta propaganda.

d. Estes são os projetos de base _____ estamos trabalhando no momento.

e. Aqueles são os políticos _____ ideias incentivam os eleitores.

f. Maravilhosas as peças de teatro _____ assisti em São Paulo.

g. São muitas as gestantes _____ nossos médicos devem atender ainda hoje.

h. Não quero saber o motivo _____ eles não avisaram sobre o atraso.

i. Este é o documento assinado _____ discutíamos nesta manhã.

j. É neste bairro _____ fica a galeria mais badalada da cidade.

k. Não sei o assunto _____ você pretende apresentar no congresso.

l. Nunca soube a hora _____ vocês se reuniam.

5-15. Sabemos que o pronome relativo deve ser antecedido de preposição quando o verbo da 2ª oração a exige. Observe o exemplo abaixo:

O livro é caro. Preciso do livro.

O livro de que preciso é caro.

Com base no exemplo, una as orações abaixo com os pronomes relativos *que*, *quem*, *o qual*, *a qual* ou *onde*, *quem*, *cujo(s)* e *cuja(s)* e preposições quando for necessário.

a. Moro em uma fazenda. A fazenda é linda.

_____

b. Quero estudar neste colégio. Gosto muito deste colégio.

_____

c. Frequentamos aquele shopping. Gostamos muito daquele shopping.

_____

d. Assisti ao show de MPB. O show de MPB é magnífico.

_____

e. Bebi o chá. Eu mesmo preparei o chá.

_____

f. Meu vizinho é muito educado. Ele tem três netos.

g. O empresário está concorrendo ao governo. Ele sofreu um acidente de carro.

h. Ela vai muito ao restaurante italiano. Ela conheceu seu marido no restaurante italiano.

i. Este é o Carlos. Eu falei do Carlos ontem para você.

j. Li a entrevista do político. A entrevista é muito complexa.

k. Fomos ao restaurante. Você tinha recomendado o restaurante.

l. A loja açoriana fica no centro de Providence. A vitrine da loja é muito colorida.

m. Lúcia é professora. Aboré se casou com ela.

n. O apartamento é muito espaçoso. Ele alugou o apartamento.

o. Almira vai viajar para Cabo Verde amanhã. As malas de Almira ainda não estão feitas.

p. Tenho muitos primos. Eles moram em Moçambique.

Gramática III

Os porquês

Na variante brasileira, há quatro formas de grafar os "porquês", ainda que não haja mudança alguma no que diz respeito à pronúncia. Confira os exemplos abaixo:

1. Separado e sem acento gráfico:
   a. Introduz perguntas.
      Por que vocês não querem ver os quadros da pintora portuguesa Paula Rego?
   b. Substitui expressões como "qual motivo" e "qual é a razão":
      Não conseguimos entender por que vocês não querem ver os quadros da pintora portuguesa Paula Rego.

2. Junto e sem acento gráfico:
   a. Responde indagações:
      Chiquinho: Por que você não quer ver os quadros da Paula Rego?
      Lelê: *Porque os acho muito tristes.*
   b. Pode ser substituído por "pois":
      Gostaria de aprender português porque adoro bossa nova.

3. Separado e com acento gráfico. Acentua-se o "que" tônico:
   Você não veio ao vernissage por quê?

4. Junto e com acento gráfico. Pode ser substituído por "o motivo", "a razão". Também é necessário haver um pronome definido [o/a/os/as] ou indefinido [um, uma, uns, umas]:
   Todos querem saber o porquê de seu não comparecimento ao vernissage.

5-16. Complete com: *por que, porque, por quê* **ou** *porquê.*

a. Quero saber _____ ela não está aqui.

b. O projeto foi reprovado e eles não sabem _____.

c. _____ você está tão triste?

d. Não vão à festa _____?

e. Reagi à ofensa _____ sei que estou correto.

f. Ignora-se o _____ da sua demissão.

g. São árduos os caminhos _____ passaram.

h. Não saí de casa, _____ estava chovendo.

i. Não foi ao show _____ não tinha ingresso.

j. Queremos saber _____ não nos contou a novidade.

k. Temos que saber _____ foste reprovado.

l. _____ todos os países não chegam a um acordo de paz?

5-17. Leia o poema abaixo.

Saudade, Machado de Assis (1839-1908)

Por que sinto falta de você? Por que esta saudade?

Eu não te vejo, mas imagino suas expressões, sua voz, teu cheiro.

Sua amizade me faz sonhar com um carinho,

Um caminhar a luz da lua, a beira mar.

Saudade este sentimento de vazio que me tira o sono

me fazendo sentir num triste abandono, é amizade eu sei, será amor talvez...

Só não quero perder sua amizade, esta amizade...

Que me fortalece me enobrece por ter você.

Agora explique de quem ou do que você sente saudade. Coloque ao menos três formas diferentes dos porquês na sua resposta.

_____
_____
_____

5-18. Escreva duas frases com os usos dos porquês.

Por que:

_____
_____

Porque:

_____
_____

Por quê:

_____
_____

Porquê:

_____
_____

5-19. Observe o uso de porque na frase abaixo.

"A viagem foi extremamente cansativa, porque dirigimos horas por estradas esburacadas e perigosas."

Agora, analise as frases seguintes:

I. Porque deixar de lado uma causa porque lutamos há tanto tempo?

II. Ninguém sabe o porquê de nossa luta.

III. Ele vivia tranquilamente, porque tinha uma grande herança.

IV. O governo não deve mudar, por quê?

V. Pergunto por que você é tão irresponsável.

VI. Vivo feliz, porque amo minha esposa.

Assinale a única alternativa correta:

a. As frases I e III são as únicas corretas.

b. As frases I, III e V são corretas.

c. Na frase II, o porquê é um substantivo.

d. As frases I, II e V estão incorretas

5-20. Elabore um diálogo curto utilizando todas as formas de "porque". Prepare uma versão escrita do diálogo e deixe espaços em branco onde se usa "porque / por que / porquê e por quê". Entregue o diálogo para a turma e apresente-o. Os demais colegas devem identificar as formas e preencher os espaços em branco. Em sala de aula, depois que os diálogos forem encenados, por exemplo, faça uma roda e discuta com os colegas os usos das formas.

_____
_____
_____
_____
_____
_____
_____
_____
_____
_____

Retomando a leitura

5-21. Voltando ao texto de Marguerite Harrison, "Anita Malfatti: pintora pioneira do modernismo brasileiro", responda às seguintes perguntas.

   a. O que foi o famoso "Armory Show"?

   b. Escolha um dos artistas com os quais Anita Malfatti conviveu em Nova York (Isadora Duncan, Yasuo Kuniyoshi, Marcel Duchamp, Máximo Gorki, Sergei Diaghilev) e descreva algo que ele/ela fez, escreveu ou produziu.

   c. Monteiro Lobato continua sendo uma figura muito conhecida no Brasil. Quem foi Monteiro Lobato?

   d. Oswald e Mário de Andrade são duas grandes figuras dentro da literatura brasileira. Encontre ao menos uma obra de cada um deles e explique por que eles defenderiam Anita Malfatti, ao contrário de muitos outros.

Diálogo

A arte no cotidiano

5-22. Exposição em Porto Alegre. Os três amigos, Jaqueline, Sabine e Lucas, estão tomando um cafezinho e conversando.

   Jaqueline: Eu fui ontem a uma exposição da angolana Manuela Sambo, radicada em Berlim. Foi incrível ver suas culturas se misturando e dançando nas telas.

   Sabine: Você foi? Ah, eu teria ido com você! Por que você não me ligou? Eu já li sobre ela e adoraria ter visto a exposição com as obras dela.

   Jaqueline: Se eu tivesse tido mais tempo, teria te ligado, mas eu soube no último minuto e saí correndo do trabalho para dar tempo. A exposição vai continuar durante o próximo mês, portanto podemos ir juntas.

   Sabine: Está bem. Quem sabe você pode ir conosco, Lucas?

   Lucas: Sim, seria bem legal. Pelo que eu sei, Manuela Sambo agora vive na Alemanha e é casada com um alemão que também é artista e se chama Daniel Sambo-Richter. Eu já vi algumas instalações dele e achei bem legal.

   Sabine: Adoro ir a exposições, e se tem alguém que eu quero muito ver, eu viajo para poder conhecer sua obra.

   Jaqueline: Quem te faria viajar?

   Sabine: Adriana Varejão. Tenho verdadeira fascinação pela obra dela. Fico super intrigada com tudo que ela faz e fico sempre de olho querendo saber o que ela está fazendo.

Lucas:	Sim, ela é o máximo!
Sabine:	Tem outros artistas da lusofonia na exposição da Manuela Sambo? Uma vez eu vi uma exposição do Malangatana Ngwenya, de Moçambique, e amei. Pena que ele morreu em 2011. Naquela altura eu soube que ele foi nomeado o Artista para a Paz pela Unesco em 1997.
Jaqueline:	Não, essa exposição só tem as obras da Manuela Sambo. São muitas, e cada uma me fez parar para pensar; e agora que você está falando sobre o Malangatana Ngwenya receber o prêmio para a paz, fico pensando se as nossas expectativas não são demasiadas, se não temos esperado demais dos nossos artistas. Nunca pensamos que um dentista, por exemplo, tem que ter uma obrigação social para além da obrigação de nos ajudar a manter a saúde. Será que os artistas têm que ter uma obrigação social? Será que isso não é uma imposição nossa?
Lucas:	Amanhã na universidade vai ter uma mesa-redonda falando justamente sobre isso. Podemos ir juntos e depois passarmos juntos pela galeria para ver a exposição e continuarmos essa conversa. Que tal?
Sabine:	Por mim, tudo bem.
Jaqueline:	Eu topo. Então, até lá.

Perguntas:

a. Os amigos vão a uma exposição na cidade de Porto Alegre. Você vai a exposições em galerias? Você vai sozinho ou com amigos? Qual foi a última exposição a que você foi?

b. Encontre a cidade de Porto Alegre no mapa do Brasil. Onde se localiza? Encontre ao menos uma figura de destaque de Porto Alegre.

c. Descubra quem é Manuela Sambo e encontre ao menos uma obra dela. Faça o mesmo com Daniel Sambo-Richter.

d. Malangatana Ngwenya é de Moçambique. Localize Moçambique no mapa. Onde fica? Quais são as cidades principais? Descubra uma obra de M. Ngwenya.

e. Adriana Varejão é uma artista brasileira que faz muito sucesso no Brasil e no exterior. Por que a arte dela parece transcender barreiras geográficas? Você acha que a arte é uma língua universal que pode transcender barreiras culturais e espaços geográficos?

f. Você acha que os artistas têm uma obrigação social mais do que as pessoas de outras profissões? Dê exemplos de artistas que se tornaram porta-vozes do seu momento histórico.

VÍDEO

5-23. Depois de assistir à entrevista dada por Regina Pisani, responda às seguintes perguntas.

a. Qual foi a profissão anterior de Regina Pisani? (veja a leitura no livro)

b. Regina Pisani fala sobre dois pontos/temas que se repetem em sua obra. Quais são eles e por que ela se interessa por isso?

c. Qual foi o nome da exposição? Tem um poema famoso com esse título no singular. De quem é o poema? Encontre o poema e analise-o.

d. Regina Pisani diz que foi e continua sendo várias pessoas. Quem são essas pessoas/mulheres? Como ela trabalha isso na sua arte?

e. Regina Pisani fala sobre usar o seu lado masculino. Por que ela precisou ser mais guerreira na sua carreira?

f. Escolha um dos quadros que está passando na tela e descreva-o.

CHAMADA PARA A ESCRITA

5-24. Dentre as várias opções a seguir, escolha e desenvolva uma delas.

a. Encontre um/a pintor/a do mundo de fala portuguesa, dê sua ficha biográfica e escolha uma pintura que o/a marcou e as razões.

b. Vá a um museu. Encontre uma pintura e fique no mínimo 30 minutos parado/a olhando para essa pintura. Depois disso, escreva sobre a pintura e essa experiência de olhar uma pintura intensamente por um tempo relativamente prolongado.

c. Compare duas pinturas do mundo lusófono.

d. Encontre uma pintura e escreva um conto a partir dela.

e. Escolha uma pintura de Tarsila do Amaral, selecione três detalhes e os descreva. Por último, acrescente às descrições três breves comentários que relacionem os detalhes e o tema geral do quadro.

f. "Retrato falado" do quadro: faça uma descrição detalhada do quadro que você mais gostou ao estudar esta unidade. A partir do texto que você criou, prepare uma versão oral da descrição e apresente essa versão a seus colegas. Distribua a descrição que você escreveu entre seus colegas. Eles devem pintar o quadro a partir de sua descrição e podem lhe pedir para repetir a descrição dos detalhes do quadro. Ao final, todos expõem os quadros em um cordel e você mostra a seus colegas a reprodução que originou a série.

Unidade 6

Escultura e arquitetura: articulando linhas

VOCABULÁRIO

Algum vocabulário de arquitetura: acabamento, piso, azulejo, vidro, vitral, porta, janela, cômodo, patamares, cerâmica, elevador, escada, nível, mármore, teto, piso, carpete, portão, andares, sobrado, cimento, madeira, escada.

6-1. Imagine que você tem de fazer uma maquete de um edifício ou de uma casa e tem de dar uma apresentação sobre a sua maquete. Escreva o texto da sua apresentação. Primeiramente, diga qual será o propósito do edifício – residência, museu, restaurante etc. Explique, por exemplo, quantos andares tem o edifício, o material que vai ser usado (tijolo, cimento, madeira), qual vai ser o acabamento, se vai ter uma adega, qual vai ser o estilo (por exemplo, greco-romano ou mediterrâneo), se vai ter janelas comuns ou vitrais etc. Use o vocabulário acima como achar melhor.

_____
_____
_____

6-2. Encontre uma escultura numa praça ou num museu e escreva um ensaio sobre ela. Se possível, encontre o nome do escultor/escultora, seus dados biográficos, quando a escultura foi feita e quais materiais foram usados. Algum vocabulário de escultura: bronze, madeira, mármore, talhar, pedra-sabão, ferro, esculpir.

Descreva a escultura e as suas impressões sobre a mesma. Use o vocabulário acima como achar melhor.

_____
_____
_____

Aquecimento para a leitura

6-3. Escolha a melhor definição para os termos abaixo relacionados.

a. Adro

( ) local apenas na parte da frente ou em volta da igreja

( ) local da casa onde geralmente servem as refeições

( ) local em uma escola onde fazem experimentos de química

b. Alcunha

( ) palavra grosseira que designa lixo em geral e, particularmente, lixo hospitalar

( ) palavra geralmente depreciativa usado no lugar do nome próprio de alguém

( ) palavra cômica que designa lixo de diferentes procedências

c. Apodrecer

( ) crescer física ou espiritualmente

( ) engordar por excesso de ingestão de alimentos calóricos

( ) tornar-se podre, corromper-se física e/ou moralmente

d. Cisel ou cinzel

( ) instrumento de aço, cortante numa das extremidades, usado sobretudo por escultores

( ) instrumento de vidro ou plástico usado para medir a temperatura do corpo humano

( ) instrumento de pano, ferro e borracha usado para medir a pressão arterial

e. Madrasta

( ) prima em segundo grau, geralmente solteira ou viúva

( ) a mulher casada, em relação aos filhos do marido nascidos de casamentos anteriores

( ) a cunhada que ficou viúva, em relação a outra cunhada que também ficou viúva

f. Ofício

( ) lugar de trabalho, geralmente dividido por duas ou três pessoas

( ) lugar onde é possível fazer lanches bons e baratos

( ) sinônimo de profissão ou trabalho

g. Rebuscar

( ) ornamentar excessivamente

( ) riscar todo o chão de uma casa por falta de cuidado

( ) retirar a ornamentação de festas religiosas

O Brasil nasce sob o signo do barroco: Antônio Francisco Lisboa

Em *Pindorama revisitada*, o historiador da cultura Nicolau Sevcenko afirma que o Brasil nasceu sob o signo do barroco. Dentre os mais belos símbolos desse nascimento certamente encontra-se a obra do escultor Antônio Francisco Lisboa. Alcunhado de "Aleijadinho", o grande escultor mineiro do século XVIII encarna em sua obra e vida muitas das características comumente associadas ao barroco: drama, exagero, rebuscamento, crise, teatralidade, conflito e mistério.

Filho de pai português e mãe africana escravizada, não se sabe ao certo se teria nascido em 1730 ou 1738. Tampouco se sabe o que teria acontecido a sua mãe para ter sido criado junto a seus meio-irmãos pela esposa branca do pai. Trata-se de um drama que afligiu inúmeras vidas no Brasil escravagista. Os poetas Luís Gama e Cruz e Souza vivenciaram crises bastante semelhantes, ainda que aparentemente diferentes. O caso de Gama é dos mais pungentes e desumanos. O poeta, também filho de português e africana, foi vendido aos dez anos pelo próprio pai. No caso de Cruz e Souza, a vida lhe foi também bastante madrasta. Adotado pelos "donos" de seus pais, foi criado como branco no meio de brancos. Poemas como "Emparedado" podem ser interpretados como testemunhos desses seres que viviam, ao mesmo tempo, no mundo dos opressores e dos oprimidos.

Antônio Lisboa, de cujo cisel saíram formas humanas e divinas das mais belas, conviveu com uma misteriosa doença que lhe apodrecia as carnes, e por isso recebeu a alcunha de "Aleijadinho". Alguns afirmam que se tratava de lepra, mas muitos outros refutam essa hipótese, argumentando que se o escultor realmente sofresse desse mal teria vivido em total isolamento.

Aleijadinho provavelmente aprendeu seu ofício com o pai, que havia sido carpinteiro em Portugal. Suas mais célebres esculturas encontram-se em Congonhas, pequena cidade no interior de Minas Gerais. Trata-se das 66 estátuas da *Via sacra*, *Via crucis* ou dos *Passos da Paixão*, distribuídas em seis capelas independentes, e os *Doze profetas*, no adro da igreja. As cenas da *Via sacra* são intensamente dramáticas, as estátuas são de tamanho natural pintadas com cores vivas. É um dos mais belos conjuntos de obras de arte da América Latina colonial. Se alguém quiser realmente conhecer a arte barroca, não há dúvida de que uma viagem ao estado de Minas Gerais será uma experiência única.

Clémence Jouët-Pastré

6-4. Responda às seguintes perguntas.

a. O que Antônio Lisboa tem em comum com Cruz e Souza e Luís Gama?

b. Qual é a razão para Antônio Lisboa ser alcunhado de "Aleijadinho"?

c. Qual era o ofício de Antônio Lisboa e com quem ele o aprendeu?

_____

_____

_____

Gramática I

Aumentativos e diminutivos

Como já comentamos, os aumentativos e os diminutivos em português nem sempre são regulares e não denotam apenas tamanho, mas também escárnio e carinho, ou algo feito em excesso, por exemplo.

Existem as formas sintética e analítica; a forma sintética usa sufixos e a forma analítica usa auxiliares. Verbos também podem ser usados para criar aumentativos.

Algumas palavras mudam de significado no diminutivo e no aumentativo. Aqui estão alguns exemplos:

Diminutivo

Cachorro – cachorrinho (um cachorro novinho)

Choro – chorinho (um tipo de música)

Curso – cursinho (um exame para entrar na universidade no Brasil)

Pão – pãozinho (um pão pequeno, mas não uma fatia de pão)

Aumentativo

Chorar – chorão/chorona (alguém que chora muito)

Comer – comilão / comilona (alguém que come muito)

Mandar – mandão/mandona (alguém que manda muito nos outros)

Palavra – palavrão (uma palavra feia)

Porta – portão (usado do lado de fora de casas e edifícios – não dentro de edifícios)

Solteira – solteirona (uma mulher de uma certa idade que não se casou)

6-5. Escreva uma frase com o diminutivo de cada palavra.

Mesa _____

Sapato _____

Presente _____

Leão _____

Pai _____

Bandeira _____

Rio _____

Casa _____

Chuva _____

Praça _____

6-6. Escreva uma frase com o aumentativo de cada palavra.

Menino _____

Amigo _____

Lobo _____

Pé _____

Mãe _____

Homem _____

Drama _____

Elefante _____

Macaco _____

Barriga _____

6-7. Reescreva as frases substituindo as palavras em negrito pelo diminutivo.

a. Giovana ganhou um **brinco** e um **anel** de sua madrinha.

b. Ronaldo deu uma **festa** para os seus amigos.

c. Meu tio comprou uma **casa** e vendeu seu **carro.**

d. Nossos filhos querem ganhar um **cachorro**, uma **tartaruga** e dois **peixes**.

e. Aquele **rapaz** foi muito gentil com o **velho**.

f. Ela esqueceu os **pratos**, os **garfos** e as **facas**.

g. Nas férias eles visitaram a **igreja**, a **praça** e algumas **lojas** na **cidade** do interior.

h. Daniela perdeu sua **bolsa**, mas encontrou sua **carteira** e algumas **moedas**.

i. Todas as vezes que a visitamos ela prepara um **bolo** e **biscoitos**.

j. Eduardo gosta de ler **livros**, mas sempre compra muitas **revistas**.

6-8. Indique o que expressam os aumentativos e diminutivos em negrito nas frases abaixo.

1 – aumentativo elogioso

2 – aumentativo pejorativo (depreciativo)

3 – diminutivo afetuoso

4 – diminutivo irônico

a. Que **narigão** e **bocarra** ele tem! ____

b. **Filhinha**, como você é inteligente! ____

c. Mas você está uma **mulheraça**, Ana! ____

d. Essa sua **secretariazinha** é atrapalhada, hein? ____

e. Você vai arrumar todo o quarto já, viu, **filhinho**? ____

f. Que **golaço**! ____

g. Não fique perto dessa **gentalha**. ____

h. José conheceu uma **gatinha** na praia. ____

i. Você comprou esse **livreco**? ____

j. Meu **fofinho**, como você é caprichoso. ____

6-9. Escreva frases usando cinco das seguintes palavras. Lembre-se de que essas palavras mudam de significado no aumentativo e no diminutivo. Você pode criar cinco frases soltas, um diálogo ou uma pequena história.

Banco de palavras: cachorro, comer, curso, mandar, palavra, pão, porta, solteira, chorar, choro.

_____

_____

_____

6-10. Pense numa pessoa que você admira e a descreva utilizando aumentativos e diminutivos.

_____

_____

_____

Gramática II

Acento gráfico

A maioria das palavras em português são paroxítonas, seguidas das oxítonas; as proparoxítonas vêm em terceiro lugar e são as menos comuns. As proparoxítonas são sempre acentuadas. Em português temos os seguintes sinais gráficos ou diacríticos: grave (`), agudo (´), circunflexo (^), til (~) e cedilha (ç).

Acentos diferenciais

Algumas palavras têm significados diferentes caso sejam acentuadas ou não.

Exemplos:

Os meus pais são muito queridos. (pai e mãe – substantivo)

O meu país, o Brasil, é um lugar singular. (nação – substantivo)

Se forem verbos, podem ser de diferentes tempos verbais ou, por exemplo, podem ser da terceira pessoa do singular ou da terceira pessoa do plural. Nos casos abaixo os dois verbos têm a mesma pronúncia. Também podem ser substantivos e contrações de preposições e artigos, por exemplo.

Exemplos:

Ele tem muitos livros.

Elas têm muitos livros.

Ele mantém a esperança de voltar um dia.

Eles mantêm a esperança de voltar um dia.

Ele faz tudo na hora que lhe convém.

Eles fazem tudo na hora que lhes convêm.

Atenção: o verbo poder é pronunciado de modo diferente na terceira pessoa do singular do presente do indicativo do que na terceira pessoa do singular do pretérito perfeito:

Ele pode nadar todos os dias.

Ele pôde nadar na semana passada.

Outro exemplo (neste caso, muda o tempo verbal e a pessoa):

Ela sai todos os dias. (presente do indicativo, 1a. pessoa do singular)

Eu saí ontem para caminhar. (pretérito perfeito, 3a. pessoa do singular)

6-11. Assinale em cada bloco a única alternativa em que todas as palavras estão acentuadas corretamente.

I.
- a. passáro, fácil, ônibus
- b. português, orgão, gramática
- c. lápis, âmbar, lâmpada
- d. vatapá, ímã, util

II.
- a. grátis, jacarés, sótão
- b. água, vôce, difícil
- c. fêmur, climáx, tênis
- d. laboratórios, superfície, logica

III.
- a. sofas, alemães, espanhóis
- b. português, táxi, íncrivel
- c. má, fé, gás
- d. alguêm, més, átras

IV.
- a. supós, armázem, album
- b. vírus, fenômeno, língua
- c. ultimó, acadêmico, óleo
- d. gramática, saida, anéis

6-12. Acentue as palavras, se for necessário.

clausula	premio	periodico	atraves
alias	cancer	lapis	assembleia
arguem	toxicomano	sensivel	voo
chines	vatapa	leem	virus
niquel	bau	corrego	consul
util	incrivel	amaveis	
vintem	torax		
lagrima	compos		
joquei	ruina		

6-13. Em cada uma das frases a seguir, há algumas palavras com a mesma terminação. Entretanto, apenas uma dessas palavras deve ser acentuada. Acentue corretamente a palavra que deve receber o acento gráfico.

a. Ninguem viu a nuvem negra que se aproximava.

b. Naquela cidade reina a maior desordem; ela é agora uma ruina do que foi.

c. Este ônibus não vai para a Rua Para; ele só para na avenida principal do bairro.

d. O motorista do taxi levava um colibri na gaiola.

e. O homem tirou o chapeu e olhou para meu tio interrogativamente.

f. Não gosto de pate de abacate.

g. Ele é um jovem recem-formado.

h. Sua paciencia se evidencia no trato com as crianças.

i. Se como melancia, fico com ansia.

j. Este virus não ataca tatus nem urubus.

6-14. Escolha o verbo correto para cada frase. Lembre-se da concordância verbal, de tempo e de pessoa.

a. Eu (cai / caí) na semana passada quando estava dançando.

b. Ela (possui / possuí) muitas primeiras edições de livros.

c. Eles mantém / mantêm duas casas em duas cidades diferentes.

d. Ela sempre (intervém / intervêm) na discussão.

e. Eles (tem / têm) uma casa na praia.

f. Você sempre (vem / vêm) na mesma hora.

g. Ela (sai / saí) sempre que lhe dá vontade.

h. Ela (pode / pôde) rever a família quando foi para Lisboa no mês passado.

6-15. Escreva uma carta curta ou um diálogo usando pelo menos cinco das seguintes palavras: pais, país, por, pôr, reter, manter, obter, ai, aí.

Gramática III

Futuro do subjuntivo

O futuro do subjuntivo expressa no presente momento, tanto na fala quanto na escrita, a possibilidade de algo no futuro que ainda não foi realizado.

Em geral usamos o futuro do subjuntivo com o futuro do presente do indicativo.

Exemplos: Se nós formos para Moçambique, certamente visitaremos a ilha de Inhaca.

Logo que voltar do Museu Nacional de Antropologia de Luanda, ele irá fazer uma doação ao museu.

6-16. Complete com o futuro do subjuntivo.

a. Se eu _____, eu vou a sua festa de Carnaval. (poder)

b. Avise-me assim que _____ alguma informação sobre o nascimento da sua sobrinha. (ter)

c. Enquanto os diretores _____ em reunião, é bom não interromper. (estar)

d. Se _____ algum problema com seu carro, não deixe de falar com o mecânico. (haver)

e. Enquanto eles se _____ quietos é porque estão assistindo ao filme. (estar)

f. É melhor responder à entrevista de acordo com o que eles _____ (perguntar)

g. Nós só serviremos o jantar depois que todos _____ sentados à mesa. (estar)

h. Depois que o garçom _____ a conta, vamos verificar se todos os pedidos foram incluídos. (trazer)

i. Quando você _____ de alguma coisa, não se esqueça de me contar. (saber)

j. Se _____ sol, iremos à praia de Copacabana. (fazer)

k. Quando eles _____ à cidade, os levaremos à exposição. (vir)

l. Enquanto Mariana _____ fazendo o bolo, nós prepararemos o chá e os sucos. (estar)

6-17. Circule a opção correta.

a. Só vou conseguir visitar o espaço se eu **seja-fosse-for** astronauta.

b. Quando a minha filha **esteja-estivesse-estiver** em casa, eu poderei sair.

c. Eu quero que você acabe a tarefa assim que nós **saiamos-saíssemos-sairmos**.

d. Quando você vai assistir ao filme? Enquanto eles **façam-fizessem-fizerem** o jantar?

e. Eu quero visitar o Pará assim que eu **passe-passasse-passar** nos meus exames finais.

Caderno de produção Escultura e arquitetura: articulando linhas

f. Assim que nós **saibamos-soubéssemos-soubermos** o que aconteceu, vamos decidir o que fazer.

g. Vocês tirarão boas notas sempre que **estudem-estudassem-estudarem** com antecedência para as provas.

h. Eles sairão de férias mais cedo se **terminarem-terminassem-terminem** o projeto publicitário a tempo.

i. Quando Paula **veem-vier-vir** à loja, levará as encomendas.

j. À medida que **forem-for-fossem** terminando a prova, vocês podem ir embora.

6-18. Complete as frases com o futuro do subjuntivo.

a. Quando nós _____

b. Enquanto Júlia _____

c. Depois que ele _____

d. Assim que a professora _____

e. Se eles _____

f. À medida que eu _____

g. Se ela não _____

h. Logo que nós _____

i. Sempre que minha mãe _____

j. Conforme o médico _____

6-19. Complete o texto abaixo com o futuro do subjuntivo.

Assim que eu _____ (chegar) em Brasília, a primeira coisa que precisarei fazer é procurar um apartamento. Não vou ficar num hotel por muitos meses. Quando eu _____ (ter) meu próprio lugar, vou me sentir mais à vontade. Além disso, talvez eu tenha que comer sempre fora, mas quando _____ (sentir) saudades de casa e _____ (querer) comer a comida de meu país, vou poder prepará-la eu mesmo.

Depois, quando eu já _____ (estar) acostumado à vida na capital do Brasil, vou comprar um carro. Penso que um carro seja necessário para poder viajar e conhecer melhor o país.

Se _____ (ter) tempo e puder viajar, quero conhecer o Rio de Janeiro, São Paulo e Santa Catarina. Se o trabalho não _____ (tomar) todo o meu tempo, quero fazer muitas outras coisas também: estudar português, praticar esportes, fazer amigos. Quem sabe, me apaixonar?

6-20. Use sua imaginação e escreva um breve poema utilizando o futuro do subjuntivo.

_____
_____
_____

Retomando a leitura

6-21. Releia o texto "Lina Bo Bardi e a dimensão humana na arquitetura brasileira" e responda às perguntas a seguir.

a. Segundo Marguerite Harrison, por que Lina Bo Bardi não valorizava o individualismo?

b. Como era o processo criativo de Lina Bo Bardi?

c. De que maneiras o princípio da *simplicidade* influenciou a arquitetura de Lina Bo Bardi?

d. Por que as viagens que Lina Bo Bardi fez pelo interior do Nordeste foram importantes para ela?

e. Por que os prédios do MASP, do Museu de Arte Moderna da Bahia e do SESC Pompéia foram utilizados como exemplos da concepção de arte sustentada por Lina Bo Bardi, ou seja, uma arte acessível a todos?

Diálogo

A arte no cotidiano

Nair e Nereu, casados há 5 anos, estão prestes a realizar um sonho: construir uma casa. Eles economizaram por muito tempo, mesmo antes de se casarem, compraram um terreno e agora podem começar a construção. Embora nenhum dos dois seja arquiteto, estão fazendo o projeto da casa.

Nair: Então, Nereu, o que você acha de uma casa estilo colonial?

Nereu: Como assim? Como aquelas das cidades históricas de Minas?

Nair: Sim, aqueles sobrados antigos, de Minas, da Bahia, do Rio, com sacadas, muitas janelas e uma porta bem grande de entrada.

Nereu: Não sei... Acho que gosto de algo mais simples e moderno, algo mais parecido com Brasília.

Nair: Ouvi dizer que esse tipo de arquitetura não é nada funcional, que no verão esquenta muito e tem que ficar com o ar condicionado ligado no máximo o tempo todo.

Nereu: E quem disse que a arquitetura colonial se adequa bem ao Brasil? Uma vez fiquei em uma pousada em Paraty e foi uma experiência péssima, porque fez muito frio e as paredes de pedra pareciam que esfriavam ainda mais a gente...

Nair: Isso foi azar, porque uma vez fiquei num sobrado no Pelourinho e foi fantástico! Era verão e a casa ficava fresca o dia todo, com todas as janelas abertas, brisa o dia inteiro, pés no chão de pedra, ambientes amplos, muito confortáveis!

Nereu:	Você deu sorte. Ainda acho que algo moderno é muito mais fácil de limpar, organizar e manter arrumado. Além disso, podemos pedir para o arquiteto incluir no projeto muitas janelas, como as dos sobrados.
Nair:	Sim, mas ele não vai querer colocar janelas coloniais numa casa moderna...
Nereu:	Mas a brisa vai entrar na casa do mesmo jeito.
Nair:	É, mas vai ser brisa com ar moderno... Não sei se vou gostar tanto quanto da colonial...
Nereu:	Qual a diferença, Nair? Realmente não consigo entender.
Nair:	Para entender é preciso entrar em um sobrado colonial autêntico, esses de pé-direito muito alto, abrir todas as janelas e ficar recostado, lendo, ouvindo música ou simplesmente cochilando... Somente assim você vai perceber a diferença.
Nereu:	Tudo bem, meu bem. Mas sejamos mais práticos. Quantos cômodos, por exemplo?
Nair:	Bem, precisamos de quatro quartos.
Nereu:	Quatro quartos?!! Para quê?! Somos apenas nós dois. Tudo bem, três quartos, pois precisamos de um quarto para as visitas e a gente pode usar o outro como escritório ou sala de televisão.
Nair:	Bem, então cinco quartos.
Nereu:	Primeiro você disse quatro e agora você está dizendo cinco. O que está passando pela sua cabeça?
Nair:	Bem, precisamos de uma suíte para a gente, um quarto para as visitas, outro para a sala de TV ou um escritório e pelo menos mais um para os gêmeos. Estou grávida de gêmeos, Nereu!
Nereu:	O que?! Jura? Nossa, não acredito! Que maravilha, Nair! Agora então vamos construir uma casa com muito espaço para os gêmeos brincarem!

6-22. Responda às perguntas a seguir.

a. Quais são as cidades históricas de Minas?

b. Tem uma cidade histórica em Minas que se chama Tiradentes. Por que essa cidade tem esse nome?

c. Cite alguns elementos da arquitetura colonial brasileira.

d. O que é um sobrado?

e. Onde fica Paraty? O que acontece em Paraty todos os anos?

f. O que é e onde fica o Pelourinho? Como é a arquitetura do Pelourinho?

g. O que significa um pé-direito alto?

VÍDEO

6-23. Ouça o áudio "Acerca da arquitetura moderna", observe as imagens passando na tela e responda às seguintes perguntas.

   a. Para o autor, o que faz com que cada época histórica tenha sua lógica de beleza?

   b. Qual a relação estabelecida pelo autor entre as máquinas e os edifícios modernos? Por que as "máquinas para habitação" são muito diferentes das máquinas propriamente ditas?

   c. Como o arquiteto e o engenheiro estão definidos no texto? Você concorda com o autor? Por quê?

   d. Segundo o autor, por que o arquiteto moderno deve estudar arquitetura clássica?

   e. Quais as razões que levam o autor a afirmar: "a nossa arquitetura [a arquitetura moderna] deve ser apenas racional"?

   f. Enquanto você ouve o texto, imagens de edifícios estão passando na tela. Escolha três desses edifícios em ao menos dois países diferentes. Descubra qual é o propósito dos edifícios (museu, casa, igreja) que você escolheu, quando o edifício foi construído e algo a respeito do arquiteto ou do projeto.

Aqui está a lista das imagens:

MASP, em São Paulo, na Avenida Paulista (2 imagens)

MEC, no Rio de Janeiro

Casa Modernista, em São Paulo

Capela da Pampulha, em Minas Gerais

Catedral, em Brasília

Congresso, em Brasília

Igreja de São Francisco de Assis, em Ouro Preto

Museu de Paula Rego, em Cascais, Portugal

Mosteiro dos Jerónimos, em Lisboa

Museu da Escravatura, em Luanda, Angola

Catedral em Maputo, Moçambique

Estação de trem em Maputo, Moçambique

Chamada para a escrita

6-24. Dentre as várias opções a seguir, escolha e desenvolva uma delas.

a. Você acha que a arquitetura moderna brasileira se parece com a de seu país? Justifique a resposta.

b. Faça uma pesquisa e procure descobrir a opinião de alguns arquitetos lusófonos a respeito do conceito de *sustentabilidade*. E você: o que acha da relação entre arquitetura e sustentabilidade?

c. Compare uma cidade grande de algum país lusófono (Lisboa, Luanda, São Paulo etc.) e uma cidade grande de seu país de origem. Em que aspectos a arquitetura aproxima ou distancia essas cidades?

d. Escolha um arquiteto lusófono e um projeto desse mesmo arquiteto. Qual a concepção arquitetônica implícita no projeto? Dê exemplos de como tal concepção se realiza na obra.

e. Você já entrou ou viveu em alguma casa projetada por um arquiteto lusófono? Quais são as suas impressões? Tanto em termos funcionais quanto em termos estéticos, o que diferencia, para você, a casa ou o prédio lusófono que você conhece de uma casa ou edifício de seu país de origem? Trata-se de experiências muito diferentes? Em última análise, o que a arquitetura revela sobre o estilo de vida de um país?

Unidade 7

Poesia: a arte da concisão

VOCABULÁRIO

7-1. Escolha a palavra correta para a definição:

Banco de palavras: rondó, redondilha, rima, elegia, haicai, jogral, écloga, dístico, poesia trovadoresca, quadra, hemistíquio.

a. _____ poema com um estribilho constante

b. _____ um trovador, um intérprete de poemas (Idade Média)

c. _____ poema de versos hexâmetros e pentâmetros alternados

d. _____ cantiga de amor, de escárnio e de amigo

e. _____ um poema de três versos com dois deles sendo pentassílabos e um, o segundo, heptassílabo.

f. _____ uma estrofe de quatro versos

g. _____ metade de um verso

h. _____ um par de versos (grupo de dois versos: parelha)

i. _____ poesia pastoral – geralmente dialogada, bucólica

j. _____ repetição de som ao longo de um poema

k. _____ versos de cinco ou sete sílabas

Caderno de produção Poesia: a arte da concisão

7-2. Escolha cinco dos termos poéticos abaixo e encontre definições para eles:

abc	alegoria	assonância
cesura	cordel	dodecassílabo
enjambement	estrofe	eu lírico
imagem	metáfora	metonímia
metro	mote	quarteto
repente (repentistas)	soneto	terceto
trova	verso	verso livre

a. _____

b. _____

c. _____

d. _____

e. _____

7-3. **Escolha cinco dos poetas lusófonos a seguir e escreva uma pequena biografia de cada um.**

Angola	Ana Paula Tavares
	Manuel C. Amor (Angola, vive nos Açores)
	Arlindo Barbeitos
	Conceição Cristóvão
Brasil	Ana Cristina César
	Murilo Mendes
	João Cabral de Melo Neto
Guiné-Bissau	Hélder Proença
Moçambique	José Craveirinha
	Marcelina dos Santos
Portugal	Adília Lopes
	Maria Teresa Horta
	Fiama Hesse Pais Brandão
	Fernando Namora
São Tomé e Príncipe	Alda Espírito Santo
	Francisco José Tenreiro

7-4. **Escolha quatro dos poetas abaixo e escreva uma biografia de cada um incluindo data de nascimento, origem e as razões da sua escolha.**

Homero, Safo, Alice Walker, Dante Alighieri, Sandra Cisneros, Gary Soto, Anna Akmatova, Rumi, Emily Dickinson, Langston Hughes, Pablo Neruda, Delmira Agustini, Maya Angelou, Alexander Pushkin, Mary Oliver, Patrizia Cavalli, Sharon Olds, Elizabeth Barrett Browning, Adrienne Rich, Billy Collins, Carol Ann Duffy, Duo Duo, Liao Yiwu, Yu Xuan Ji Li Po, Daniel Beus, Basho Matsuo.

7-5. **Imagine que você vai passar um tempo em uma ilha deserta. Você pode levar para a ilha cinco livros de poesia. Que autores você escolheria? Por quê?**

Gramática I

Tempos compostos do subjuntivo

Os tempos compostos do subjuntivo são os seguintes:

Pretérito perfeito do subjuntivo:

Ex: Imagino que ela já <u>tenha ensaiado</u> para a performance muitas vezes.

Nota-se que ela já concluiu esses ensaios antes da hora da fala ou da escrita do exemplo anterior.

Pretérito mais-que-perfeito do subjuntivo:

Ex: Se eu <u>tivesse me saído</u> bem no recital, estaria participando da turnê.

Os dois acontecimentos se referem ao passado – um passado é anterior ao outro.

Futuro composto do subjuntivo:

Ex: Depois que nós <u>tivermos feito</u> a apresentação, iremos comemorar.

Os dois atos ocorrerão no futuro e um desses futuros estará terminado antes do outro.

7-6. A partir do exemplo abaixo, desenvolva as próximas frases:

Quem disse isto?

Eu não disse. Talvez ele <u>tenha dito</u>.

a. Quem fechou a noite de cantoria com chave de ouro?

___

b. Quem comprou os ingressos para o sarau?

___

c. Quem trouxe esses poetas?

___

d. Quem escreveu estas cartas?

___

e. Quem contou a história?

___

f. Quem viajou no feriado?

___

g. Quem levou meus livros de poesia?
_____

h. Quem pagou a conta?
_____

i. Quem viu a escola de samba passar?
_____

j. Quem leu o livro da Cecília Meireles?
_____

7-7. Observe o exemplo:

Ele perdeu todos os documentos.

Não é possível! Não acredito que ele tenha perdido todos os documentos!

Faça o mesmo com as frases abaixo:

a. Elas saíram do trabalho tarde. Não sei se chegaram ao museu a tempo.

Tomara que _____

b. Acredite! O Paulo convidou todos os amigos da universidade para o festival!

Todos os amigos?! Não é possível que _____. É muita gente!

c. Ele teve sérios problemas com a tese sobre poesia, mas não desistiu.

Eu sei. Embora ele _____, não desistiu.

d. Marisa contou que Renata desistiu da ideia de conhecer Brasília.

Não acredito. Duvido que Renata _____

e. Ele vendeu todos os quadros. O que você acha?

Eu receio que _____

f. Embora Pedro seja sempre honesto, ele não quis admitir o erro.

Eu imagino que _____

g. Júlia decidiu pedir demissão, mesmo com o aumento do salário.

Não sabia que a Júlia _____

h. Marcelo e Rodrigo mudaram para a casa dos pais em Fortaleza.

Não é novidade que _____

7-8. Transforme as frases.

Exemplo: *Eles prepararam a reunião com cuidado, mas a reunião não foi boa.*
Embora eles tivessem preparado a reunião com cuidado, ela não foi boa.

a. Eu lhe escrevi cartas de amor, mas ela não me deu importância.

_____

b. Eu compus um lindo poema, mas ela não leu.

_____

c. Eu a levei aos melhores restaurantes, mas nada mudou.

_____

d. Eu lhe mandei flores, mas ela nem ligou para agradecer.

_____

e. Eu comprei ingressos para a apresentação da Orquestra Sinfônica, mas ela não foi.

_____

f. Eu a levei para assistir ao filme do diretor preferido dela, mas ela não se interessou.

_____

g. Eu lhe dei um lindo par de brincos, mas ela nem abriu a caixa do presente.

_____

h. Eu a convidei para um cruzeiro no Caribe, mas ela recusou. Estou desanimado!

_____

i. Depois de alguns meses ela me telefonou, mas eu não retornei a ligação.

_____

7-9. Desenvolva a parte em negrito da frase, usando o mais-que-perfeito composto do subjuntivo, conforme o exemplo:

Com tempo, eu o teria convencido.

Se *tivesse tido tempo*, eu o teria convencido.

a. **Falando com ele**, nós teríamos entendido o problema.

Se a gente _____

b. **Sem autorização**, não teríamos entrado.

_____

c. **Sem sua ajuda**, eu não teria feito o que fiz.

_____

d. **De avião**, você já estaria lá.

_____

e. **Com sol**, a gente teria ido à praia de Ipanema.

_____

f. **Com chuva**, o piquenique teria sido um fracasso.

_____

g. **Com jeito**, teríamos conseguido um desconto melhor.

_____

h. **Com um bom xarope**, ele já teria acabado com essa tosse.

_____

i. **Dependendo de nós**, tudo teria sido diferente.

_____

j. **Com tempo**, Eduardo teria desenvolvido um texto melhor.

_____

7-10. Complete de acordo com o exemplo:

Quando eu vou poder sair?

Só depois que você tiver terminado seu trabalho.

Quando eles vão se casar?

(alugar uma casa) – Só depois que _____

(comprar móveis) – Só depois que _____

(ter aumento de salário) – Só depois que _____

(conseguir uma promoção) – Só depois que _____

(economizar um bom dinheiro) – Só depois que _____

Nossa casa está pronta. Quando poderemos nos mudar?

(o marceneiro – fazer os armários) Logo que _____

(a loja – entregar o fogão) Logo que _____

(o jardineiro – plantar a grama) Logo que _____

(os pintores – pintar a casa) Logo que _____

(o eletricista – ligar a luz) Logo que _____

(a faxineira – pôr a casa em ordem) Logo que _____

7-11. O que você teria feito se as seguintes situações tivessem acontecido?

Exemplo: Você leu Manoel de Barros.

Se eu tivesse lido Manoel de Barros, teria ficado interessado em conhecer o Pantanal.

1. Você vai à biblioteca.

    Se eu _____.

2. Ela lê um poema épico.

    Se ela _____.

3. Seu poeta preferido vem fazer uma performance na sua cidade.

    Se meu poeta preferido _____.

4. O editor publica um livro raro.

    Se o editor _____.

5. Sua professora indica um livro de poesia para você.

    Se minha professora _____.

Gramática II

Advérbios

Os advérbios nos dizem como os verbos se comportam; em outras palavras, qualificam ou descrevem o modo como esses verbos agem. Entretanto, os advérbios também modificam outros advérbios e adjetivos e não apenas os verbos.

Como já vimos, há sete classificações para os advérbios: de lugar, de tempo, de modo, de negação, de dúvida, de intensidade e de afirmação.

Os advérbios podem ser apenas uma palavra ou uma locução adverbial. Aqui estão alguns exemplos de classificação de advérbios e locuções adverbiais.

a. lugar – além, aí, aqui, longe, perto, dentro, onde, acima, abaixo, atrás, à esquerda, à direita.

b. tempo – ontem, hoje, amanhã, agora, nunca, jamais, sempre, às vezes, de repente, quando, depois, logo.

c. de modo – facilmente, dificilmente (e quase tudo que termina em -mente), devagar, depressa, bem, mal.

d. negação – de modo algum, de jeito nenhum, não.

e. dúvida – talvez, provavelmente, possivelmente, acaso.

f. intensidade – pouco, muito, mais, menos, bem, mal, quase, demais, tão.

g. afirmação – sim, certamente, com certeza, realmente, sem dúvida.

7-12. Substitua as expressões em destaque por advérbios de modo.

a. **Com calma**, o rapaz foi se aproximando dos convidados.

_____

b. **Com suavidade**, as ondas tocavam seus pés à beira-mar.

_____

c. Os policiais agiram **com cautela**, pois qualquer deslize poderia ser fatal.

_____

d. Procurava acariciá-la **com carinho**, dado o seu jeito arisco.

_____

e. Não compareceram ao local determinado; **com certeza** desistiram do passeio.

_____

f. **Com paciência**, explicou todo o diagnóstico e o tratamento.

_____

g. A bailarina saiu **com discrição**, ninguém notou sua ausência.

h. Ela apresentou o resultado da sua pesquisa **com tranquilidade**.

i. **Com pressa**, entrou em casa, pegou uma mala e saiu.

j. O pintor recebeu a notícia **com alegria**.

7-13. Identifique e classifique os advérbios conforme o modelo:
Alexandre e Henrique viajaram bastante pelo mundo.
bastante: advérbio de intensidade

a. O náufrago português nunca recebeu mensagens de apoio.

b. Vamos já decidir sobre isto.

c. Não comprei coisa nenhuma.

d. Informei imediatamente a família.

e. Os pais de Suzana gostavam muito de viajar nos feriados.

f. A guia de turismo passava rapidamente pela fronteira.

g. Os estudantes portugueses hospedaram-se aqui.

h. Eu pouco me importei com o que ela disse.

i. Carlos morava bem longe de Salvador.

_____

j. Nós iremos amanhã à igreja do Nosso Senhor do Bonfim.

_____

k. Carina e Maurício talvez irão para Curitiba nas férias.

_____

l. As atrizes mais famosas se sentarão na primeira fila do desfile.

_____

7-14. Substitua as expressões destacadas nas frases a seguir por advérbios.

a. **Por qual motivo** você não visita seu pai? _____

b. Não pensei isso **em nenhum instante**. _____

c. **Em que tempo** os homens serão melhores com os outros homens?
_____

d. **Naquele lugar** existe vegetação nativa. _____

e. **Neste lugar** existe muita poluição visual. _____

f. O teatro fica **a grande distância**; o cinema, **a pequena distância**.
_____   _____

g. Saia **neste exato momento**! _____

h. **Em que lugar** você compra seus sapatos? _____

7-15. Escreva duas frases com os advérbios.

a. De modo:

_____
_____

b. De tempo:

_____
_____

c. De intensidade:

d. De dúvida:

e. De lugar:

f. De afirmação:

g. De negação:

Gramática III

Crase

A crase na escrita é representada por meio do acento grave e é a fusão da preposição *a* com o artigo *a*(s) ou com os pronomes demonstrativos que começam com a letra *a*:

à, às, àquele, àqueles, àquela, àquelas, àquilo

A crase não modifica a pronúncia da palavra.

7-16. Empregue a crase quando for necessário.

a. O plano dos ladrões saiu [as] avessas.

b. Não chegaram [a] saber quem era [a] autoridade.

c. Encontramos os barcos [as] margens da lagoa.

d. Fui [a] casa, mas voltei logo.

e. Não fui [aquela] padaria.

f. Entregamos o prêmio [aquele] aluno.

g. Submeterei [aqueles] alunos a uma prova.

h. Reprovo [aquela] atitude.

i. Encontrei-o [a] porta de minha casa.

j. [A] noite, se reuniam para ouvi-lo.

k. Sua aversão [a] estrangeiros era censurada.

l. [As] dez e meia todos dormiam.

m. Enviei a encomenda [a] Fernanda.

n. Você vai [a] aula hoje?

o. Não desobedeça [a] ninguém.

7-17. Assinale a crase ou não, conforme necessário.

Ontem eu fui a praia e me diverti muito. Havia tantas pessoas e eu levei muita comida comigo e aquelas velhas toalhas que minha mãe me deu há muitos anos. Como eu vou muito a essa praia, eu conheço muito bem as pessoas que a frequentam.

Tive que voltar ao carro algumas vezes para pegar coisas que esqueci, e o carro estava super quente por causa do sol! As vezes a minha memória falha e eu pago o pato.

Andei muito pela praia e vi aqueles meninos que jogam frescobol e futvôlei todos os domingos. Como eu gostaria de jogar esses esportes bem! Aqueles meninos são craques!

7-18. Escreva cinco frases usando a crase.

a. _____

b. _____

c. _____

d. _____

e. _____

Retomando a leitura

7-19. Releia os textos dessa unidade e responda às perguntas a seguir.

a. Em seu depoimento, Salgado Maranhão afirma que "o coração de um poeta sobrevive em constante inquietação". Releia o depoimento e procure nele outras passagens que se relacionem com tal declaração. Como você a entende? Você acha que nessa mesma declaração subjaz uma concepção de poesia? Qual?

b. Ouça novamente a entrevista com Chacal. Para você, o que significa a relação entre a palavra escrita e a palavra vocalizada no contexto da performance, como na poesia de Chacal?

c. Procure na internet a coreografia da cantiga de Martín Codax realizada pelo Grupo Corpo, tomando como base a gravação de José Miguel Wisnik e Carlos Núñez. Assista ao clipe da coreografia e escreva um texto respondendo à seguinte questão: quais aspectos da cantiga de Martín Codax são revelados pela coreografia do Grupo Corpo e pela interpretação musical da mesma?

d. Pesquise sobre a vida de Luís Gama e encontre e leia a versão integral do poema *Quem sou eu?* De que maneiras a biografia do poeta se relaciona com o poema?

Diálogo

A arte no cotidiano

Flora e Zeca são amigos e gostam de poesia. Flora convidou Zeca para ir ao cinema com ela, mas Zeca não podia porque tinha outro compromisso. Zeca telefona para Flora para saber como foi o filme. Flora fala entusiasticamente do filme e o recomenda para Zeca.

Zeca: E aí, Flora?! Tudo bem?

Flora: Oi, Zeca!

Zeca: E o filme? Você gostou?

Flora: Cara, foi um dos melhores documentários sobre poesia que já assisti. Totalmente demais!

Zeca: Pena que não deu para eu ir com você, eu queria muito ter ido. Se eu soubesse que você iria ao cinema ontem, não teria combinado de visitar minha tia.

Flora: O Carlos Nader acertou em cheio! E o filme faz a gente entender muito mais a fundo a poesia do Waly e da geração dele.

Zeca: Como é mesmo o nome do filme?

Flora: *Pan-cinema permanente.*

Zeca:	Quando ele foi feito?
Flora:	O cara passou muito tempo filmando o Waly, não sei quantos anos, mas tem imagens muito antigas. E tem imagens póstumas também, de amigos e familiares do Waly dando depoimentos. Tem uma cena com o Antonio Cicero lendo e dando um depoimento super emocionado.
Zeca:	Cara, o Waly Salomão era mesmo demais. Gosto muito daquele lance de ler poemas em voz alta que ele fazia tão bem e evidentemente também gosto muito dos poemas impressos e das canções dele. Esse lance barroco que ele tinha era genial.
Flora:	É, ele adorava vocalizar os poemas dele. E vivia insistindo que a vida é sonho. Tem uma cena em que ele fala que gosta muito da opacidade, que é contra o discurso atual que elegeu a transparência como valor.
Zeca:	Muito bom!
Flora:	Sei lá, mas a poesia dele era total, não tinha distinção entre arte e vida.
Zeca:	Difícil essa parada, difícil apagar os limites entre uma e outra.
Flora:	O filme mostra como isso era natural para o Waly. Era a praia dele.
Zeca:	O filme vai ficar em cartaz até quando?
Flora:	Até semana que vem.
Zeca:	Vou tentar ir hoje, então. Se não der hoje, de amanhã não passa.
Flora:	Vou ficar à espera, curiosa para saber sua opinião.
Zeca:	Beleza.
Flora:	A gente se fala.
Zeca:	Beijo.
Flora:	Beijo.

7-20. Responda às perguntas a seguir sobre o diálogo.

a. Quem era Waly Salomão? De onde ele era? Descubra um pouco sobre o perscurso dele.

b. O que significa o título do documentário: *Pan-cinema permanente*? De quando é o documentário?

c. Você acha que a poesia deve ser vocalizada?

d. Deve existir uma distinção entre vida e arte? Isso é difícil ou fácil de fazer?

e. O que significa a expressão "era a praia dele"? Escreva uma frase usando essa expressão.

VÍDEO

7-21. Responda às perguntas a seguir sobre o vídeo do Chacal e do Salgado Maranhão.

a. Chacal recita três dos seus poemas. Escolha um deles e faça a transcrição do poema.

b. De onde é Salgado Maranhão? Como a geografia teve um impacto na vida dele?

c. Salgado Maranhão fala sobre a literatura de cordel. O que é isso? Quem são os repentistas?

d. Na opinião de Salgado Maranhão, qual é a diferença entre a poesia e a letra de uma canção?

e. Ele fala sobre uma lei da física que é contrariada. Que lei é essa e o que isso tem a ver com a poesia ou a música?

f. Salgado Maranhão nasceu na cidade de um outro poeta. Que poeta é esse? Escreva uma biografia desse poeta.

g. Qual é a diferença, de acordo com Salgado Maranhão, entre posia e prosa?

CHAMADA PARA A ESCRITA

7-22. Dentre as várias opções a seguir, escolha e desenvolva uma delas.

a. Faça uma uma pesquisa e escolha três definições de *poesia lírica*. Tomando por base as definições que você selecionou, escreva um texto que explique por que o poema *Psicologia de um vencido*, de Augusto dos Anjos, é um poema lírico.

PSICOLOGIA DE UM VENCIDO

Eu, filho do carbono e do amoníaco,
Monstro de escuridão e rutilância,
Sofro, desde a epigênese da infância,
A influência má dos signos do zodíaco.

Profundissimamente hipocondríaco,
Este ambiente me causa repugnância...
Sobe-me à boca uma ânsia análoga à ânsia
Que se escapa da boca de um cardíaco.

Já o verme – esse operário das ruínas –
Que o sangue podre das carnificinas
Come, e à vida em geral declara guerra,

Anda a espreitar meus olhos para roê-los,
E há de deixar-me apenas os cabelos,
Na frialdade inorgânica da terra.

b. Leia os dois sonetos abaixo e escreva um texto comparativo.

a) **A árvore da serra** (Augusto dos Anjos)

— As árvores, meu filho, não têm alma!
E esta árvore me serve de empecilho...
É preciso cortá-la, pois, meu filho,
Para que eu tenha uma velhice calma!

— Meu pai, por que sua ira não se acalma?!
Não vê que em tudo existe o mesmo brilho?!
Deus pôs almas nos cedros... no junquilho...
Esta árvore, meu pai, possui minh'alma! ...

— Disse — e ajoelhou-se, numa rogativa:
«Não mate a árvore, pai, para que eu viva!»
E quando a árvore, olhando a pátria serra,

Caiu aos golpes do machado bronco,
O moço triste se abraçou com o tronco
E nunca mais se levantou da terra!

b) **Velhas Árvores** (Olavo Bilac)

Olha estas velhas árvores, mais belas
Do que as árvores novas, mais amigas:
Tanto mais belas quanto mais antigas,
Vencedoras da idade e das procelas...

O homem, a fera, e o inseto, à sombra delas
Vivem, livres de fomes e fadigas;
E em seus galhos abrigam-se as cantigas
E os amores das aves tagarelas.

Não choremos, amigo, a mocidade!
Envelheçamos rindo! envelheçamos
Como as árvores fortes envelhecem:

Na glória da alegria e da bondade,
Agasalhando os pássaros nos ramos,
Dando sombra e consolo aos que padecem!

Unidade 8

Teatro: a vida em cenas

VOCABULÁRIO

8-1. **Você está entrevistando um diretor de teatro sobre sua última peça. Usando o vocabulário abaixo e quaisquer outros termos que você queira usar, faça uma série de perguntas (no mínimo cinco) sobre o trabalho do diretor.**

Banco de palavras: cena, palco, ato, cenografia, luz, cortina, ribalta, ator, atriz, diretor, peça, comédia, tragédia, dramaturgia, dramaturgo, ponto, coxia, espectador, elenco, monólogo, diálogo, improviso, interpretação, cenário, ação, papel, figurinista, encenador, catarse, contrarregra.

a. _____
b. _____
c. _____
d. _____
e. _____
f. _____
g. _____
h. _____

8-2. **Agora, coloque-se no papel do diretor e responda às perguntas que você fez.**

a. _____
b. _____
c. _____
d. _____
e. _____
f. _____
g. _____
h. _____

Caderno de produção Teatro: a vida em cenas

Gramática I

Preposição e regência

Já vimos as várias classificações das preposições (essenciais, acidentais e locuções prepositivas) e também a regência nominal e verbal no livro-texto.

Na regência nominal as palavras (substantivo, adjetivo ou advérbio) são ligadas por uma preposição.

Aqui estão alguns substantivos, adjetivos e advérbios e as suas preposições:

substantivos

admiração por, a
ansioso para, por
aversão a, para, por
capacidade de, para
ciente de
composto por
devoção a, para com, por
digno de
doutor em
dúvida acerca de, em, sobre
horror a
impaciência com
livre de
medo a, de
obediência a
respeito a, com, para com, por
simpatia a, por

adjetivos

acessível a
acostumado a, com
agradável a
alheio a, de
ansioso de, para, por
apto a, para
capaz de, para
compatível com
contemporâneo a, de
contrário a
curioso de, por
entendido em
equivalente a
essencial a, para
fácil de
fanático por
favorável a
generoso com
grato a, por
hábil em
habituado a
idêntico a
impróprio para
insensível a
liberal com
natural de
necessário a
próximo a, de
relacionado com
relativo a
satisfeito com, de, em, por
semelhante a
sensível a
vazio de

advérbios

longe de
perto de

Regência verbal

Na regência verbal os verbos podem ou não estar ligados aos objetos diretos ou indiretos por meio de uma preposição. Se estão ligados diretamente (sem uso de preposição), então são verbos transitivos diretos e exigem um objeto direto. Se não, então são verbos transitivos indiretos e exigem uma preposição.

Aqui estão alguns verbos transitivo diretos:
abandonar
abençoar
acompanhar
adorar
castigar
conhecer
convidar
defender
eleger
namorar
ouvir
proteger
respeitar
ver
visitar

Aqui estão alguns verbos que são sempre transitivos indiretos:
antipatizar
desobedecer
obedecer
simpatizar

Aqui estão alguns verbos que são transitivos diretos e indiretos (bitransitivos):

avisar	notificar
esquecer	pagar
informar	perdoar
lembrar	

8-3. Identifique e circule as preposições.

a. Conversamos sobre nossos projetos de pesquisa.

b. Sempre lutamos contra a preguiça de alguns colegas.

c. Estou mais uma vez sem meu ajudante.

d. Os atores partiram para a turnê.

e. Aquela fazenda era de meus tios.

f. A excursão chegará a Manaus hoje à tarde.

g. Você já viajou de avião e de trem?

h. Contamos com poucos recursos para concluir a obra do museu.

i. Jorge comprou os ingressos com seu próprio salário.

j. Os torcedores gritavam de raiva após o jogo.

k. Daqui a 20 anos a população ainda lembrará dessas eleições.

l. Marília deu-me os convites para distribuir na escola.

m. Vamos ao cinema hoje à noite.

n. O acidente causou um prejuízo de dois mil reais.

8-4. Complete com a preposição adequada.

a. Saí _____ meus pais.

b. Estamos _____ luz há alguns minutos.

c. Minha família morou _____ Pernambuco vários anos.

d. Minha mãe gostava _____ conversar _____ arte.

e. _____ o juiz, ele não abriu a boca.

f. Estarei _____ Curitiba na próxima quinta-feira.

g. Deteve-se um instante _____ observar o movimento _____ pedestres.

h. Cristiano e Rita brigavam _____ cão e gato quando crianças.

i. Daniel viajou _____ vários lugares, mas nunca esteve na Ilha da Madeira.

j. Marina dança _____ ritmo da música.

k. Fábio parecia _____ vontade de sair com os amigos, mas ficou _____ casa.

8-5. Complete as frases com as preposições do quadro; algumas serão usadas mais de uma vez.

até, desde, após, a, sobre, sem, perante, para

a. Fomos _____ várias igrejas em Ouro Preto.

b. Saímos _____ as 10 horas.

c. Comprei um presente _____ você.

d. Júlia está gripada _____ sábado.

e. Corremos _____ a esquina, mas não o vimos mais.

f. Discutimos _____ o filme.

g. Todos são iguais _____ a lei.

h. Prefiro chá _____ açúcar.

i. Não o vejo _____ o Natal.

j. Ela quis conversar _____ o namorado.

k. Devo chegar _____ o jantar.

l. Estou _____ dinheiro, preciso passar no banco.

8-6. Identifique a preposição e explique a relação que ela estabelece.

a. A escola de samba esteve em nossa cidade recentemente. _____

b. É importante que você leia um bom livro sobre a história de Angola. _____

c. Jogamos capoeira na praia até o entardecer. _____

d. Dancei com Camila a noite toda. _____

e. Estamos preparados para enfrentar a subida da Serra da Mantiqueira. _____

f. Você tem algum projeto para tornar a cidade mais bonita e limpa? _____

g. Sérgio não perdeu a calma durante a competição. _____

h. Os pratos são de porcelana. _____

i. É fundamental lutarmos contra essa situação política lamentável. _____

j. Nunca viajei de navio. _____

8-7. Faça as alterações necessárias, de modo a tornar os períodos abaixo adequados em relação às preposições e às regências.

a. Jamais se esqueça que sou eternamente grata a você.

b. O cargo que concorremos exige uma boa qualificação profissional.

c. Assistimos esse filme há quase uma semana.

d. Queremos muito bem nossos alunos, pois todos são especiais.

e. Muitos são os erros cometidos, haja vista que os motoristas não obedecem as leis de trânsito.

f. Desobedeceu as ordens da empresa, por isso, hoje se encontra fora da equipe.

g. Alguns não visam sucesso profissional, pois aguardam ansiosamente a aposentadoria.

h. Você é o único amigo que confio.

i. Grande foi a ajuda que tanto necessitava.

j. Não foi esta a ideia que me referi durante a reunião anterior.

k. Não me lembro quando foi a última visita que lhe fiz.

8-8. Usando as listas do início da gramática I, crie quatro frases empregando os substantivos e suas preposições, quatro frases com verbos transitivos indiretos e quatro frases com verbos transitivos diretos.

a. _____

b. _____

c. _____

d. _____

e. _____

f. _____

g. _____

h. _____

i. _____
j. _____
k. _____
l. _____

Gramática II

Infinitivo impessoal e pessoal

Tanto o infinitivo pessoal como o impessoal são amplamente usados no dia a dia dos falantes da língua portuguesa. Consulte o livro-texto para maiores explicações e peculiariedades.

8-9. Conjugue os seguintes verbos no infinitivo pessoal e em seguida faça uma frase para cada verbo:

Falar	Aprender	Assistir	Ser	Pôr

Frases com infinitivo pessoal:

Falar: _____

Aprender: _____

Assistir: _____

Ser: _____

Pôr: _____

8-10. Complete as frases com o infinitivo pessoal utilizando os verbos entre parênteses.

a. Temos que ir ao supermercado para _____ (comprar) os ingredientes do bolo.

b. Vocês precisam se agasalhar antes de _____ (sair) à rua, está muito frio.

c. Devemos terminar os exercícios antes de _____ (ir) embora.

d. Nós vamos à casa do Roberto sem _____ (passar) pela escola.

e. Vocês vão caminhar até _____ (ficar) cansados.

f. Eu vou embora depois de _____ (ver) minha namorada.

g. Vamos nadar até _____ (ficar) cansados.

h. Eles têm que pintar a casa antes de se _____ (mudar).

i. Eu tenho que fazer ginástica para _____ (emagrecer).

j. Eles ficam se olhando até se _____ (beijar).

k. Vamos ao shopping para _____ (encontrar) nossos amigos para o almoço.

l. Vocês têm que _____ (tomar) a vacina antes da viagem.

8-11. Complete o texto com os verbos abaixo, utilizando o infinitivo impessoal e pessoal.

*** alguns verbos repetirão*

colocar, contrair, evitar, fazer, respeitar, ter, utilizar, vir

Todos os dias preciso _____ muito cuidado no trabalho. _____ o capacete e o colete de sinalização não só me dá mais segurança como é obrigatório por lei. O fato de _____ estas leis permite-nos _____ mais segurança no trabalho e, logo, qualidade de vida. Se _____ nosso trabalho com toda a proteção necessária, podemos até _____ problemas a longo prazo. Por exemplo, se não _____ as máscaras enquanto pintamos podemos _____ uma doença pulmonar. Ou se não _____ os óculos protetores, podemos _____ a _____ um problema na vista. Se todos _____ as normas do trabalho, haverá mais segurança.

8-12. Use sua imaginação para completar as frases abaixo utilizando o infinitivo impessoal.

a. _____ faz bem à saúde.

b. É errado _____ o sucesso dos outros.

c. _____ e _____ é preciso para ter êxito nos estudos.

d. Você não tem o direito de _____ comigo.

e. São questões difíceis de _____.

f. Convidei Carlos para _____ nesta nova campanha publicitária.

g. Os professores não têm a obrigação de _____ nossos filhos.

h. Permita-me _____ você.

i. Compete-nos _____ esse problema.

j. Deixe-os _____ mais cedo da aula.

Caderno de produção Teatro: a vida em cenas

8-13. Um amigo seu do Brasil vem passar duas semanas na sua casa durante as suas férias. Você não estará em casa quando ele chegar. Escreva uma carta para o seu amigo dando-lhe alguns conselhos (coisas para fazer na cidade, roupa que poderia trazer, como encontrar sua casa, como usar os eletrodomésticos etc.).

Utilize expressões como: convém, é preciso, é bom, é pena, é fácil, é difícil, é ótimo, é aconselhável... + o infinitivo pessoal.

_____

_____

_____

Gramática III

Discurso direto e indireto

Aqui estão dois exemplos de discursos direto e indireto:

Ele me disse: — Você precisa assistir àquela peça de teatro. Ela é maravilhosa!

Ele me contou que aquela peça de teatro é maravilhosa.

8-14. Passe as frases abaixo do discurso direto para o discurso indireto.

a. A mãe gritou: — Quero saber quem fez essa bagunça aqui no quarto!

_____

b. O vendedor perguntou: — Precisa de ajuda, senhora?

_____

c. A cliente respondeu: — Não preciso de ajuda, estou só de passagem.

_____

d. O pai ordenou: — Pare de questionar, menino, e faça rápido o que eu lhe pedi.

_____

e. Conforme falou o geólogo americano, "Por causa da ocorrência cada vez mais tardia do inverno, os flocos de neve não dispõem mais do tempo necessário para se transformar em gelo".

_____
_____

f. De acordo com o que falou William Roberto Cereja, "O naturalismo é uma tendência que procura dar um novo tratamento ao realismo, atribuindo-lhe um caráter mais científico, com base nas teorias que circulavam na época".

_____
_____

e. Albert Einstein disse: "A mente que se abre a uma nova ideia jamais voltará ao seu tamanho original".

_____
_____

8-15. Passe as frases abaixo do discurso indireto para o discurso direto.

a. O delegado afirmou que suspeitava de todos.

_____

b. A esposa confirmou que seu marido tinha estado em casa na noite anterior.

_____

c. O rapaz garantiu que levaria as compras para a mãe daqui a pouco.

_____

d. O vizinho disse-lhe que não queria que ele viesse mais ali, em sua casa.

_____

e. A vítima pediu-lhe que ele fizesse um favor: ficasse calado.

_____

f. O investigador sussurrou que ele mesmo sabia de tudo.

_____

g. O garoto disse que sua mãe não iria gostar de vê-lo com aquela garota.

_____

8-16. Elabore um diálogo (discurso direto) entre um professor e três alunos sobre um projeto para o final do semestre:

_____

_____

_____

8-17. Passe o diálogo que você elaborou para o discurso indireto:

_____

_____

_____

Retomando a leitura

8-18. Leia os ensaios que estão no livro-texto e responda às perguntas a seguir.

a. Releia o texto "Boal por Boal". Considere a passagem em que o autor menciona que no início de 2000 abriu uma empresa chamada Olhar Brasileiro. Navegue pela página da empresa no site olhar brasileiro (www.olharbrasileiro.net) e, depois de escolher algum projeto realizado, faça: 1) uma breve descrição do projeto e 2) um comentário sobre como o projeto cumpre o objetivo de valorizar a cultura brasileira.

b. Releia o texto "Impactos". Como é o processo criativo dos atores da Companhia do Feijão? Você acha que o processo criativo, tal como descrito pelos atores, reflete uma tendência geral do teatro contemporâneo?

c. Em alguns momentos, os atores da Companhia do Feijão falam de sua relação com o público, os espectadores. Como é essa relação? Para eles, qual o papel do público?

d. Segundo Clémence Jouët-Pastré, um dos recursos pedagógicos mais notáveis de José de Anchieta no auto em questão foi a aproximação de São Lourenço e São Sebastião. Por que essa aproximação funcionava, entre os povos indígenas brasileiros, como uma poderosa estratégia de catequese?

e. Leia o Auto da Festa de São Lourenço e escolha três passagens ou aspectos que confirmem o caráter catequético do teatro de Anchieta. Justifique suas escolhas. O texto está disponível no domínio público do governo do Brasil.

Diálogo

A arte no cotidiano

8-19. Fábio, Carolina, Juliana e Bruno foram assistir a uma peça de teatro de rua. Depois, foram para um barzinho conversar e estão falando sobre a peça a que acabaram de assistir e o teatro em geral.

Fábio: Não vou muito ao teatro, é um pouco caro, mas sempre que vou curto demais. É uma outra experiência ver algo ao vivo e principalmente, neste caso, ao ar livre.

Carolina: Concordo com você. Adoro a efemeridade do teatro e estar ali com os atores na sua frente sabendo que todos nós estamos juntos e que, apesar do espetáculo poder acontecer de novo amanhã, não vai ser igual.

Juliana: Eu já prefiro o cinema justamente porque essa efemeridade do teatro me angustia. Quero poder viver um momento importante, um diálogo lindo muitas vezes. Essa ideia de que no minuto final a peça acaba de vez, para mim, é difícil de engolir. Vai ver que não tenho memória boa e portanto não posso acessar a peça e assisti-la de novo no arquivo da memória.

Bruno: Sofro do problema contrário. Minha memória é perfeita demais e quando vejo uma cena muito pesada num filme não consigo me livrar dela. Vejo a cena infinitas vezes na memória.

Fábio: Então acontece a mesma coisa quando você vai ao teatro, não é, cara? Ou a sua memória perfeita só acontece com o cinema?

Bruno: É gozado, acontece com o teatro, sim, mas a minha memória não as capta com a mesma exatidão, já que estou experienciando o teatro ali, ao vivo, e me sinto parte da experiência e não um mero espectador.

Carolina: É isso que amo no teatro, essa noção de que eu faço parte do espetáculo, não sendo apenas passiva, e que não posso parar a cena para ir ao banheiro ou tomar um copo de água e reativá-la depois como se nada tivesse acontecido. Não, o teatro não para até que a peça acabe.

Fábio: E quando acontece teatro de verdade, ele vai muito além da peça. Esse lance da memória, como o Bruno levantou, é central. Algumas montagens são inesquecíveis e tornam-se parte da gente.

Bruno: Não tinha pensado nisso. Mas é diferente da experiência do cinema, que tem um certo distanciamento, a dependência da máquina, o projetor do filme e a improbabilidade de algo inesperado durante a projeção.

Fábio: É, e o lance da repetição tal e qual, que é central no cinema. No teatro, mesmo que os atores busquem a repetição idêntica da interpretação, ela é impossível, sempre vai haver variações nas falas, nos aspectos sonoros das falas. E também na própria cena, a movimentação em palco. Cada dia os atores vão estar de um jeito e isso inevitavelmente se reflete nos personagens.

Carolina: Pois é, muito louco isso. O eu do ator acaba interferindo no ânimo do personagem. Nesse sentido, os atores acabam sendo um pouco como uma plateia em relação aos personagens que eles próprios criaram e vivem a cada interpretação.

Bruno: Tudo a ver! E quando é teatro de rua isso talvez fique ainda mais forte. Porque o corpo a corpo com o público propriamente dito acaba eletrizando esse público implícito que vive nos atores.

Agora, responda às perguntas a seguir.

a. Se você tivesse que tomar uma posição, com quais comentários você concordaria em relação ao teatro e ao cinema?

b. Como espectador, qual é sua relação com o teatro?

c. Em que o teatro de rua se diferencia do teatro que acontece dentro de um prédio?

d. Fábio, Carolina, Juliana e Bruno falam sobre a memória. Como a memória se relaciona com o teatro? E com o cinema? Você se considera uma pessoa que tem boa memória? Como isso modifica (ou não) sua relação com o teatro?

e. Você já assistiu a teatro de rua? Onde? Se não, encontre um local onde o teatro de rua acontece sempre. Pode ser em qualquer lugar no mundo.

Vídeo

8-20. Assista ao vídeo e responda às perguntas a seguir.

a. Um dos atores afirma que o teatro vai muito além de uma satisfação meramente particular, individual, egocêntrica. E acrescenta: o teatro tem uma função que vai além da diversão, do entretenimento. Como o ator justifica essas afirmações? Você concorda com ele?

b. Durante a conversa, surge o tema da *inspiração*. Um dos atores declara que se inspira em pessoas vivas e uma atriz revela que, para ela, inspiração é observação, capacidade de observar. Para ambos, portanto, o trabalho do ator é deliberado, consciente, e a inspiração, como fica implícito, não ocorre ao acaso. Definir a inspiração como observação é uma espécie de paradoxo, se tomarmos o conceito de inspiração a partir do senso comum, como algo divino, inexplicável, arrebatador. Com um colega, faça uma lista com três argumentos a favor e três argumentos contra essa opinião.

c. Um dos atores lança a ideia de que o teatro artesanal escapa da indústria cultural. E por isso esse tipo de teatro pode tratar de assuntos que não são caros à ideologia da indústria cultural. Faça um levantamento dos tópicos mencionados pelo ator ao abordar esse assunto e elabore um comentário posicionando-se sobre as questões levantadas por ele.

d. Por que um dos atores afirma que "o teatro é uma arte pública"? Como ele explica essa ideia?

e. Um dos entrevistadores observa que "o teatro, entre as artes, é a única arte efêmera". Como os atores respondem a essa pergunta? Quais os principais pontos levantados por eles como resposta? Que outros pontos você apresentaria?

f. Tomando como base o vídeo e materiais que você porventura encontre na rede, faça uma interpretação do nome do grupo. Quais os sentidos do nome "Companhia do Feijão"?

CHAMADA PARA A ESCRITA

8-21. Dentre as várias opções a seguir, escolha e desenvolva uma delas.

a. O teatro já passou por muitas transformações desde sua origem. Identifique uma transformação notável do seu ponto de vista e por que você a considera importante.

b. Quando você vai ao teatro, espera tomar parte na ação? Por quê?

c. Você já se sentiu modificado pela experiência de ir ao teatro? Se sim, descreva a experiência e comente por que ela mudou sua vida.

d. Muitas vezes o teatro se associa a outras artes (cinema, dança, música etc.), formando espetáculos híbridos. Com os processos de hibridização de linguagens, o que deixa de ser teatro e o que continua a ser teatro?

e. Um fenômeno cultural do mundo contemporâneo muito discutido é a questão do impacto tecnológico sobre as artes. Faça uma pesquisa sobre os debates gerados pelo referido fenômeno em países de fala portuguesa e escreva um comentário sobre o aspecto que você achar mais interessante da relação entre o teatro e o mundo digital.

f. No livro-texto você conheceu algumas definições de poesia. Para você, o que é poesia? Escreva uma definição de poesia e apresente-a oralmente para seus colegas.

g. Escolha um poema que você leu durante a unidade e se aproprie dele. Descontextualize o texto (mexa na ordem das palavras, mude o sentido das imagens, pense uma nova diagramação para o texto etc.) e faça com que ele se torne seu.

h. Transcrição/diagramação. Procure na internet a gravação do poeta Carlos Drummond de Andrade lendo *Procura da poesia*. Observação: é importante que você não leia o poema antes de fazer este exercício. Transcreva o texto e pense uma diagramação para ele. Procure no dicionário somente as palavras que você não conhece ou tem dúvida quanto à ortografia. Faça uma lista com as palavras que você olhou no dicionário. Anote ao lado de cada palavra da lista o sentido que ela tem no poema de Drummond.

i. Traduzindo de memória. Escolha um poeta de seu país de origem de cujos versos você goste especialmente. Por exemplo: se você for americano, e supondo que você goste de Walt Whitman, faça uma transcrição-tradução de memória do seu poema predileto. Tanto na reprodução do poema quanto na tradução, não há necessidade de precisão. O que importa, neste exercício, é você chegar a um texto aproximado e expandir seu vocabulário.

j. Animação de um poema. Inspirando-se (primeira etapa): assista na internet ao clipe da canção "Diariamente", de Marisa Monte, ou às animações de *Quadrilha*, de Carlos Drummond de Andrade. Colocando a mão na massa (segunda etapa): produção da animação de um poema. Produza um clipe que ofereça uma versão visual de todas as imagens do poema. Para tanto, você pode utilizar fotografias, desenhos, colagens etc. Em primeiro lugar, faça uma gravação de você lendo o poema. Depois, colecione as imagens que você vai utilizar na animação. Por último, faça a montagem (vocalização do texto + imagens). Não se esqueça de colocar os créditos no final do vídeo! Você também pode utilizar uma trilha sonora, se quiser. Se você não dominar os *softwares* necessários para realizar essa tarefa, peça ajuda a um colega ou vá ao laboratório de mídia de sua universidade e peça ajuda aos técnicos. Apresentando os trabalhos (terceira etapa): realizar uma mostra de poemas animados com os trabalhos da turma. A projeção dos trabalhos deve ser seguida de um debate.

Unidade 9

Cinema: imagens em movimento

VOCABULÁRIO

9-1. Pense num filme a que você assistiu e imagine que você tem a oportunidade de entrevistar o/a diretor/a do filme. Crie uma série de perguntas para fazer para o/a diretor/a do filme. Não precisa necessariamente ser um filme em português.

Você pode utilizar o banco de palavras abaixo, conforme necessário:

ação, áudio, argumento, cena, créditos, *flashback*, resolução, sequência, câmera lenta, claquete, *close*, contraste, panorâmica, trilha sonora, roteiro, sinopse, elenco, gancho, *loop*, *zoom*.

a. _____

b. _____

c. _____

d. _____

e. _____

f. _____

g. _____

h. _____

9-2. **Alguns diretores que estudamos nesta unidade mencionaram em seus depoimentos a experiência de ir ao cinema. Considere sua própria experiência. Para você, a experiência que se dá na sala de cinema, em contato com outros espectadores, é algo importante? Descreva as diferentes modalidades dessa experiência: assistir a filmes 1) em salas de cinema de shoppings, 2) em salas de cinema especializadas em cinema de arte, 3) em telões em salas não especializadas como salas de aula, 4) na televisão, e 5) no computador, sozinho, talvez a modalidade mais praticada pelo espectador contemporâneo. De que maneira essas diferentes modalidades afetam (positiva ou negativamente) a experiência do cinema?**

Gramática I

Plural

Já vimos algumas exceções de plurais no livro-texto. Temos aqui mais algumas palavras que são plurais incomuns ou duplos. Por exemplo, estes dois substantivos podem ter dois plurais:

Anão – anões, anãos
Corrimão – corrimões, corrimãos

Vimos algumas palavras terminadas em -r -s e -z no livro. Eis aqui mais alguns exemplos que podem parecer estranhos, mas estão corretos:

açúcar – açúcares
avestruz – avestruzes
gravidez – gravidezes
júnior – juniores
hambúrguer – hambúrgueres

Os <u>açúcares</u> não têm nenhuma função curativa para os animais.
Os <u>avestruzes</u> são animais peculiares.
As duas <u>gravidezes</u> da Aurora foram excelentes.
Ele e o melhor amigo dele têm júnior no sobrenome. Como eles estão sempre juntos, são chamados de os <u>juniores</u>!
Ele estava com tanta fome que foi logo pedindo dois <u>hambúrgueres</u>.

Algumas palavras terminadas em -s e outras em -z são escritas da mesma maneira no plural, lembrando sempre que os artigos e adjetivos precisam estar no plural.

o atlas – os atlas
o lápis – os lápis
o ônibus – os ônibus
o pires – os pires
o tórax – os tórax
o vírus – os vírus

Tenho sempre três lápis na hora de fazer exames.
Os meus atlas são antigos e tenho paixão por eles.
Peguei quatro ônibus para chegar ao trabalho ontem.
Na hora de servir o café, ele percebeu que os pires não combinavam com as xícaras.
Os tórax dos capoeiristas brilhavam de suor.
Os vírus este ano estão de lascar! Acho que devemos tomar a vacina.

Plural dos substantivos compostos com hífen

Os substantivos compostos cujos elementos são ligados por hífen seguem uma série de regras. Por exemplo:

Verbo ou advérbio (palavra invariável) + substantivo ou adjetivo, adjetivo + adjetivo, palavras repetidas: apenas o segundo elemento é colocado no plural.

abaixo-assinado: abaixo-assinados
alto-falante: alto-falantes
azul-claro: azul-claros
bate-boca: bate-bocas
ex-namorado: ex-namorados
guarda-chuva: guarda-chuvas
guarda-roupa: guarda-roupas
recém-nascido: recém-nascidos
rosa-choque: rosa-choques
tico-tico: tico-ticos
vice-presidente: vice-presidentes

Adjetivo + substantivo, substantivo + substantivo, ou substantivo + adjetivo: os dois elementos são colocados no plural.

amor-perfeito: amores-perfeitos
bóia-fria: bóias-frias
cachorro-quente: cachorros-quentes
couve-flor: couves-flores
longa-metragem: longas-metragens
mão-boba: mãos-bobas
terça-feira: terças-feiras

Quando os substantivos compostos são ligados por uma preposição, o primeiro elemento é pluralizado e o segundo permanece no singular. O mesmo acontece quando o segundo elemento determina o primeiro.
água-de-colônia: águas-de-colônia
bomba-relógio: bombas-relógio
palavra-chave: palavras-chave

Existem alguns substantivos compostos cuja forma no plural é igual à do singular, só os artigos é que passam para o plural.
   O guarda-costas: os guarda-costas
   o paraquedas: os paraquedas (substantivo composto apesar de não ter hífen)
   o salva-vidas: os salva-vidas
   o sem-teto: os sem-teto
   o topa-tudo: os topa-tudo

Exemplo de um caso especial:
o joão-ninguém: os joões-ninguém

9-3. Escreva o plural dos seguintes substantivos.

a. cão _____

b. álcool _____

c. armazém _____

d. jejum _____

e. abdômen _____

f. cidadão _____

g. capital _____

h. eleição _____

i. papel _____

j. item _____

k. país _____

l. quartel _____

m. mar _____

n. réptil _____

o. certidão _____

p. cruz _____

q. rapaz _____

r. jornal _____

s. barril _____

9-4. Siga o exemplo e transforme tudo em 2:

Uma caixa de fósforo – *Duas caixas de fósforos.*

a. Um pão português:

b. Um músico espanhol:

c. Um pintor alemão:

d. Um tomate maduro:

e. Um sabão orgânico:

f. Uma receita chilena:

g. Um jogo difícil:

h. Um rolo de papel higiênico:

i. Um documentário da história cristã:

j. Uma prova sobre antropologia egípcia:

k. Um prato de macarrão com legumes:

l. Uma mansão de família tradicional:

9-5. Escreva os substantivos compostos abaixo no plural.

a. sem-terra: _____

b. peixe-gato: _____

c. mico-leão-dourado: _____

d. guarda-chuva: _____

e. cachorro-quente: _____

f. beija-flor: _____

g. banana-da-terra: _____

h. meia-lua: _____

i. caixa-forte: _____

9-6. Reescreva as frases, trocando a expressão em negrito pelo seu plural, e fazendo as demais alterações necessárias.

a. **O carro verde escuro** está sendo lavado.

_____

b. Há **um fio de cabelo castanho-claro** no meu prato.

_____

c. Bruna comprou **uma peruca rosa-choque** para a festa.

_____

d. O **uniforme azul-marinho** do funcionário está rasgado.

_____

e. Na minha escola tem um **menino surdo-mudo**.

_____

f. Ele adquiriu uma **obra-prima**.

_____

g. Anita gosta de **amor-perfeito** e cultiva-o.

_____

h. A **saia-balão** estava na moda antigamente.

_____

i. A aula de química será **segunda-feira**.

_____

j. Nesta semana não haverá reunião com **o vice-diretor**.

_____

9-7. No próximo fim de semana você irá acampar com toda a família. Hoje você precisa fazer a lista de compras do supermercado e organizar todos os itens que levará na bagagem. Escreva um texto sobre o que precisa comprar e o que levará. Todos os itens devem estar no plural; use ao menos dois substantivos compostos no plural.

_____

_____

_____

Gramática II

Pronomes indefinidos

Alguns dos pronomes indefinidos formam "pares" – um na afirmativa e outro na negativa. Veja abaixo:

algum/a – nenhum/a

alguém – ninguém

algo – nada

todo/a – nenhum/a

tudo – nada

Pense nesses pares na hora de fazer os exercícios a seguir.

9-8. **Complete as frases abaixo com o pronome indefinido adequado (alguns pronomes podem se repetir):**

todo, toda, pouco, alguém, tudo, muito, alguma, nada, todas, algo, qualquer, todos

a. Na vida _____ passa.

b. _____ deve estar com pressa, entrou em casa e deixou as portas abertas.

c. _____ coisa lhe acontece? Está aborrecido.

d. _____ está errado, verifiquei o gabarito várias vezes.

e. Pode marcar a reunião, estarei a sua disposição a _____ hora.

f. _____ fizeram o projeto. Estou muito satisfeita.

g. Pedi _____ açúcar no chá, mas ela colocou _____.

h. Na palestra estão _____ as alunas de antropologia.

i. _____ me contou _____ sobre a peça.

j. _____ me surpreende neste governo.

9-9. **Complete as frases abaixo com a forma do singular ou do plural do pronome indefinido *qualquer*.**

a. Quando estou com fome, _____ comida é saborosa.

b. Em _____ lugar a gente encontra criança carente.

c. Telefone-me para _____ informações complementares.

d. Não compre uma camisa _____, pois seu irmão é exigente.

e. Não podemos aceitar _____ argumentos sem comprovação.

f. Pelo sucesso da empresa enfrentarei _____ obstáculos.

g. Não pesam sobre ela _____ suspeitas ou acusações.

h. Escolha _____ das fotos do Rio Tejo, todas ficaram ótimas.

i. Não quero comprar _____ presente, ela merece algo especial.

j. _____ dia desses ainda perco a paciência!

9-10. Circule os pronomes indefinidos nas frases abaixo e indique se é um pronome variável ou invariável.

a. Todos os professores estão convidados, não deve faltar ninguém. _____

b. Não quero este. Traga-me outro. _____

c. Arruma a minha mala e a tua. Prepara tudo. Vamos sair. _____

d. Não digas isso. Gosto mais do outro casaco do que daquele. _____

e. Nenhuma das suas amigas lhe ligou no seu aniversário. _____

f. Todo dia meu avô vai à praça. _____

g. Hoje foram poucas pessoas para a aula. _____

h. Ninguém quis me falar aonde ele foi. _____

i. Cada um vai fazer seu projeto sozinho. _____

j. Quanto mais trabalho, menos tempo. _____

9-11. Escreva oito frases usando pelo menos dois pronomes demonstrativos em cada frase.

a. _____

b. _____

c. _____

d. _____

e. _____

f. _____

g. _____

h. _____

Gramática III

Pronomes demonstrativos e advérbios de lugar

Lembre-se de que os pronomes demonstrativos podem ser combinados com preposições.

em + pronome demonstrativo

este/a – neste/a – nestes/as

esse/a – nesse/a – nesses/as

aquele/a – naquele/a – naqueles/as

isto – nisto

isso – nisso

aquilo – naquilo

de + pronome demonstrativo

este/a – deste/a – destes/as

esse/a – desse/a – desses/as

aquele/a – daquele/a – daqueles/as

isto – disto

isso – disso

aquilo – daquilo

Os advérbios de lugar respondem a perguntas referentes a lugar ou à pergunta "Onde?".

No livro-texto havia apenas alguns exemplos de advérbios de lugar. Aqui estão outros exemplos:

abaixo, acima, adentro, agora, além, aquém, atrás, cá, dentro, embaixo, externamente, fora, longe, perto.

9-12. Complete as lacunas abaixo. Use *este*, *esse* e *aquele*, bem como suas variantes.

a. _____ carro que está na garagem não é meu.

b. _____ teu progresso é o que nos interessa.

c. _____ cadeiras que usamos são confortáveis, mas _____ do Teatro Nacional são bem melhores.

d. _____ que vês lá em alto-mar é a tempestade se aproximando.

e. De todos os livros que li, _____ aqui foi o mais complicado.

f. Fernanda, de quem é _____ jipe que o teu irmão dirige?

g. Os tipos de predicado são _____: nominal, verbal e verbo-nominal.

h. Você, que está no Uruguai, poderia me dizer quantos brasileiros vivem _____ país?

i. Sei que vou alcançar meu objetivo e _____ está bem próximo.

j. O que você quis dizer com _____?

k. _____ que eles estão fazendo é crime contra a natureza..

l. Ao observar o juiz e o bandeirinha, percebi que _____ confirmou o sinal que _____ lhe fizera, e anulou o nosso gol.

9-13. Entre parênteses, aparecem dois pronomes demonstrativos. Escolha o que preenche corretamente o espaço.

a. Lembre-se sempre _____: eu o amo e sempre o amarei. (disto, disso)

b. Marcela, é bom _____ livro que está com você? (este – esse)

c. Ricardo, é seu _____ caderno aí perto da sua carteira? (esse – aquele)

d. _____ técnico aqui ao meu lado vai explicar como operar a máquina. (este – esse)

e. Tatiana, _____ guarda-chuva lá no canto é seu? (esse – aquele)

f. Senhores jurados, _____ documento aqui é a maior prova de inocência! (este – esse)

g. _____ lápis aqui estão sem ponta. Não posso usá-los. (esses – estes)

h. _____ é o dia mais feliz da minha vida. (esse – estes)

i. Adoro _____ fotos das cachoeiras de Minas Gerais. (essas – estas)

j. Não encontrei os livros que você pediu. Então trouxe _____. (esses – estes)

9-14. Assinale os itens em que há erro no emprego do pronome demonstrativo e corrija-os.

a. ( ) Paulo, que é isto que você leva?

b. ( ) "Amai vossos irmãos!" São essas as verdadeiras palavras de amor.

c. ( ) Trinta de dezembro de 1977! Foi significativo para mim esse dia.

d. ( ) Pedro, este livro que está com José é meu.

e. ( ) Não estou de acordo com aquelas palavras que Paulo pronunciou.

f. ( ) Olha lá, quem é aquela aluna que está ali no fim do corredor?

g. ( ) Esse carro é caro. Mas, esse que está lá fora é muito mais caro do que esse.

h. ( ) Essas são as minhas irmãs, Júlia e Camila.

i. ( ) Laura, esta é a médica que está tratando da nossa tia.

j. ( ) Esses, na sala de espera, são os engenheiros do Paraná.

9-15. Complete as frases com o pronome demonstrativo apropriado.

a. _____ luz que entra pelas janelas, ninguém sabe o que significa.

b. Não sei se _____ guaraná que estou tomando é nacional ou importado.

c. Será que _____ carne que você pediu virá bem passada?

d. _____ gata da minha vizinha parece que me persegue.

e. _____ ano que hoje começa será melhor que o ano anterior.

f. _____ noite vou sonhar com os anjos.

g. _____ noite eu tinha tido pesadelos.

h. Você não acha que _____ é um país que precisa mudar as leis sobre os impostos?

i. Cláudio, _____ país em que você está agora é bom ou ruim para trabalhar?

j. _____ jornal que estou lendo é velho.

k. Mônica, _____ vestido que você está usando é de seda?

l. Não, _____ vestido que estou usando é de algodão.

m. Olga, deixe-me ver _____ joia que você tem no pescoço.

n. _____ joia que tenho no pescoço não é minha.

9-16. Indique se o pronome destacado é demonstrativo ou indefinido.

a. <u>Este</u> animal não vai participar da exposição. _____

b. <u>Vários</u> atletas já chegaram. _____

c. <u>Ninguém</u> quer discutir a questão. _____

d. <u>Essa</u> é a comida mais pedida aqui? _____

e. Esses livros aí não devem sair da biblioteca. _____

f. Aqueles senhores ainda não votaram? _____

g. Alguns manifestantes se revoltaram. _____

h. Poucas perguntas ficaram sem resposta. _____

i. Muitas dúvidas surgiram durante a prova. _____

j. Esta obra de arte será leiloada hoje. _____

k. Nesta semana visitaremos nossos tios. _____

l. Qualquer informação sobre a investigação nos ajudará. _____

m. Ainda não encontrei nenhum vestido do jeito que quero. _____

9-17. Usando os advérbios de lugar descreva uma fotografia/um quadro/um desenho. Identifique onde estão as pessoas e/ou objetos na produção artística de sua escolha. Entregue uma cópia com o seu trabalho.

_____

_____

_____

Retomando a leitura

9-18. Releia os textos no livro e responda às perguntas seguintes.

a. "Cineasta acidental". Apropriar-se de um texto é uma forma de ler esse texto e reescrevê-lo. O depoimento de Susana Rossberg, como grande parte dos depoimentos, é uma narrativa. Escreva um roteiro de cinema a partir do depoimento "Cineasta acidental".

b. "Ciência e arte ou a arte da ciência". Em seu depoimento, Dado Amaral revela que desde criança gostava de cinema e que foi fazer teatro porque na época era muito difícil começar fazendo cinema. Quais conexões entre cinema e teatro você acha mais importantes?

c. Dado Amaral afirma que o cinema é um processo científico. Além da luz e da revelação, citadas por ele, que outros aspectos do cinema se relacionam com a ciência?

d. "Caminhos do cinema". Um dos aspectos fundamentais da formação de Tânia Cypriano foi o contato com pessoas que faziam cinema experimental em Nova York, nomeadamente artistas ligados ao *The Collective for Living Cinema*. O que significa "living cinema"? Você já assistiu a algum filme dessa tendência?

e. Tânia Cypriano observa o contraste entre o cinema de Hollywood e o cinema de arte. Aponte três características de cada um desses tipos de cinema. Você acha que existe um diálogo produtivo entre os filmes hollywoodianos e os filmes de arte? Ou são dois universos paralelos?

Diálogo

A arte no cotidiano

9-19. João e Karina estão conversando sobre gêneros de filme pelo telefone.

João: Oi, Karina.

Karina: Oi, João.

João: Eu estava a fim de assistir a um filme este fim de semana. Sei que tem vários festivais de cinema, mas não quero ir sozinho. Você topa?

Karina: Claro que sim. Sei do festival de cinema alemão e também do festival de filmes clássicos. Tem outros?

João: Soube que tem um festival de documentários. Tem uns bem legais e eu estava a fim de ir ao festival. O que você acha?

Karina: Genial. Adoro documentário e acabo de terminar todos os meus exames, portanto estou pronta para dar um tempo. Eu não sabia que você gostava de documentário.

João: Pois é, gosto sim, e acho que esse gênero de cinema tem se desenvolvido bastante. Tem uns documentários que mantêm a ideia tradicional de documentário e outros que são mais para dramas.

Karina: Gosto de ver o que os diretores estão fazendo atualmente – os grandes nomes e também o pessoal novo no circuito do cinema –, mas também gosto da ideia de que qualquer um com uma câmera razoável ou mesmo o próprio telefone pode documentar a realidade.

João: Eu tenho vontade às vezes de sair com uma câmera na mão e ver no que dá. Bem, tem alguns filmes que me parecem imperdíveis e os documentários são de vários países de fala portuguesa. Quero muito ver *Lobolo, O preço da noiva*, de Moçambique, e *As duas faces da guerra*, uma coprodução do Flora Gomes com a Dina Andringa. Aliás, já vi muitos dos filmes dele.

Karina: Eu queria muito ver o documentário sobre o Saramago, *José e Pilar*, pois a vida de um escritor tão complexo deve dar um documentário e tanto. Ouvi falar também de um filme de um *rapper* e diretor, Diamantino Feijó, de Angola, que é bem legal. Se não me engano, o filme se chama *Angola não é de ninguém*.

João: Podemos dar a volta ao mundo e parar em Macau com *A última vez que vi Macau*, de João Pedro Rodrigues e João Rui Guerra da Mata, e *Sirena*, do Nuno Viegas, que acaba de ganhar um prêmio.

Karina: Também tem muito documentário brasileiro bem legal no festival. Estou olhando a seleção na internet e quero ver *Jogo de cena*, do Eduardo Coutinho. Ele foi o cara que fez *Edifício Master*, um filme absolutamente genial. *Quebrando o tabu* deve ser bem interessante também, e *Santiago* seria legal de ver. Gosto de tudo do João Moreira Salles.

Caderno de produção   Cinema: imagens em movimento

João: Bem, acho que já temos uma lista de filmes para assistir durante a semana do festival. Vamos assistir dois por dia? Posso passar a vida no cinema.

Karina: Por mim, tudo bem.

João: Passo para te pegar na quinta à tarde para pegarmos uma sessão da tarde e depois a gente janta por ali e volta para ver mais um filme à noite.

Karina: Maravilha! Super beijo.

João: Beijo.

Perguntas para o diálogo:

a. O que é um documentário? Qual seria sua definição?

b. Faça uma lista dos cinco melhores documentários a que você já assistiu. Explique por que você escolheu esses filmes.

c. Sobre o que é o documentário *O dia que durou 21 anos*? Descubra a relação do diretor com seu próprio filme.

d. Escolha três dos documentários acima e descubra os diretores, onde foram feitos e sobre o que são. Encontre esses países no mapa e indique dois fatores que você acha interessante/curioso sobre cada país.

VÍDEO

9-20. Assista ao vídeo e responda às perguntas abaixo.

a. Como o filme *Grandma has a video camera*, segundo a própria diretora, Tânia Cypriano, faz a passagem do mundo particular de uma história de família de imigrantes para o universal? Nesse processo, qual a importância da palavra em relação à imagem?

b. Que artes foram importantes (e por que) na formação de Dado Amaral e como ele se relaciona com as artes até hoje?

c. Em certo momento da conversa, Dado Amaral revela que gostaria que o cinema que ele faz fosse sempre um cinema de poesia. O que ele quer dizer com a expressão "um cinema de poesia"? Em que sentido ele emprega a palavra "poesia"?

d. Escreva suas impressões sobre o relato de Dado Amaral a respeito do profeta Gentileza e os dois filmes que ele dirigiu sobre ele – *Gentileza* e *Por Gentileza*. Você pode encontrar esses filmes no site portacurtas (portacurtas.org.br).

e. Assista ao curta *Boato: uma autodefinitude* (no site portacurtas, portacurtas.org.br) e responda: de que maneira ficção e realidade se entrelaçam no filme e nos comentários de Dado Amaral sobre *Boato*?

CHAMADA PARA A ESCRITA

9-21. Dentre as várias opções a seguir, escolha e desenvolva uma delas.

a. Assista a algum filme em que a relação entre cinema e teatro seja discutida e escreva uma resenha crítica. Outra opção: assista a mais de um filme em que apareça a mesma relação (teatro x cinema) e escreva um breve ensaio comparativo. Exemplos de filmes: *Bye bye Brasil* (Cacá Diegues), *Riscado* (Ricardo Pizzi) e *Elena* (Petra Costa).

b. Você conhece alguma história (que você ouviu, leu, vivenciou etc.) que daria um bom filme? Coloque no papel o argumento e elabore um roteiro com um colega. Apresente o argumento e o roteiro a um terceiro colega, com o intuito de convencê-lo a fazer um filme a partir do roteiro.

c. Assista a algum filme lusófono contemporâneo e elabore uma lista de perguntas sobre ele. Escreva um *email* para o diretor comentando sobre o filme e perguntando se ele lhe daria uma entrevista (explique que a entrevista seria por escrito, através do *email*). Para a entrevista, utilize as perguntas que você elaborou sobre o filme. Tente publicar a entrevista em alguma revista especializada.

d. Para você, de que maneiras o cinema ajuda a entender a cultura lusófona e a estudar a língua portuguesa? Comente algumas coisas que você aprendeu sobre o Brasil, por exemplo, através do cinema.

Unidade 10

Literatura e crítica literária:

Palavras dançando entre as folhas

VOCABULÁRIO

10-1. Escolha a definição correta para os termos do banco de palavras (nem todos serão usados):

autor, analepse, antagonista, narrador (autodiegético, heterodiegético, homodiegético), leitor, enredo, narrativa, ponto de vista, clímax, personagem, conto, romance, protagonista, herói, espaço, tempo

a. _____ Personagem que se opõe a outra.

b. _____ Narrador que é o herói do texto.

c. _____ Um processo narrativo que também pode ser chamado de *flashback*.

d. _____ O ponto alto/máximo das ideias ou acontecimentos.

e. _____ Narrador que não é um personagem na história que está narrando.

f. _____ Pessoa que lê o livro.

g. _____ Um ser criado que vive num texto.

h. _____ A história de um romance, texto ou conto a partir de fatos e acontecimentos.

10-2. Antes de ler a crônica de Moacyr Scliar, encontre a definição das seguintes palavras:

efêmero, respiradouro, elo, arrivistas, pesquisas, fascículos

a. _____ Uma unidade (um número) de publicação periódica. Uma obra que vai sendo publicada aos poucos.

b. _____ União, ligação.

c. _____ Estudo e investigação sobre um campo do conhecimento.

d. _____ Alguém que quer vencer na vida sem se importar com os outros e, portanto, não tem escrúpulos.

e. _____ Algo de pouca duração, algo passageiro.

10-3. Agora, a partir das dicas a seguir, identifique as seguintes pessoas: Rubem Braga, Paulo Mendes Campos, Baudelaire, Lima Barreto, José de Alencar, Machado de Assis, Charles Dickens, Luis Fernando Verissimo, Fernando Sabino, Edmond de Goncourt.

a. _____ Viveu entre 1812-1870; quando era jovem, trabalhou numa fábrica por falta de dinheiro quando seu pai foi colocado na prisão. Seus romances muitas vezes eram publicados semanalmente ou mensalmente.

b. _____ Viveu entre 1821-1867. Traduziu contos de Edgar Allan Poe, fez uma viagem à Índia. É reconhecido como um grande poeta.

c. _____ Viveu entre 1913-1990. É natural de Cachoeiro de Itapemirim, ES, e durante o Estado Novo foi preso algumas vezes. Foi um dos membros fundadores da editora Sabiá. A certa altura foi embaixador, mas nunca se afastou da profissão de escritor e jamais deixou de ser jornalista.

d. Viveu entre 1923-2004. Natural de Belo Horizonte, MG. Corresponde com o escritor Mário de Andrade. Mora em Nova York por algum tempo e envia crônicas para o Brasil. A partir de 1957 passa a viver exclusivamente dos ganhos como escritor e jornalista. Seu epitáfio diz o seguinte: "Aqui jaz _____ , que nasceu homem e morreu menino".

e. _____ Viveu entre 1829-1877. Além de ser escritor e ter a preocupação de criar uma literatura nacional, também exerceu – pouco – a profissão de advogado. Foi político, tendo ocupado o cargo de chefe da Secretaria do Ministério da Justiça e tendo sido eleito deputado em outra ocasião.

f. _____ Filho de escritor, viveu nos Estados Unidos duas vezes quando seu pai esteve lá a trabalho. Nasceu em 1936, em Porto Alegre, onde atualmente vive. Escreve para jornais como *Zero Hora*, *O Estado de S. Paulo* e *O Globo*.

g. _____ Viveu entre 1839-1908 e foi presidente da Academia Brasileira de Letras. Exercia a profissão de escritor ao mesmo tempo que tinha um cargo público; escreveu contos, crônicas, poesias e romances.

h. _____ Viveu entre 1881-1922. Lutou contra a injustiça social e os preconceitos raciais. Muito do que ele escreveu – crônicas, ensaios, memórias e crítica literária – foi publicado depois da sua morte.

i. _____ Viveu entre 1922-1991. Traduziu muitas obras do francês e inglês para o português, além do poeta Pablo Neruda, que conheceu. Viveu desde 1945 no Rio de Janeiro, mas não nasceu lá. Foi um dos cronistas da revista *Manchete*.

j. _____ Viveu entre 1822-1896. Autor de diários, romances, peças de teatro, críticas literárias. Escreveu muitas obras com seu irmão, Jules.

A crônica hoje

A minha experiência com crônica data de 1974, quando comecei a escrever semanalmente para o jornal *Zero Hora* de Porto Alegre. No meu caso foi uma experiência no mínimo curiosa; até então eu só escrevera textos ficcionais, para serem publicados em livros ou em suplementos literários. Mas fazer crônica é diferente, como é diferente a página do livro da página do jornal. Sim, em ambos os casos trata-se de texto impresso, destinado a um público, mas as diferenças são grandes, e históricas. Para começar, o livro tal como o conhecemos surgiu antes do jornal; é do século quinze, enquanto o jornal só aparece no começo do século dezessete. Ao contrário do livro, que em geral tinha um tema único, tratava de vários assuntos num estilo que nem sempre era refinado, literário. Estabeleceu-se uma divisão: os escritores eram uma antiga aristocracia; os jornalistas eram os arrivistas. Os escritores escreviam para a eternidade; os jornalistas estavam presos aos assuntos do momento, nem sempre agradáveis. Escritores falavam mal do jornal: "Da primeira à última linha, nada mais é que um circo de horrores", disse Baudelaire. Edmond e Jules Goncourt acrescentaram: "Efêmera folha de papel, o jornal é o inimigo do livro como a cortesã é inimiga da mulher decente".

Os escritores podiam fazer pesquisas formais, mesmo que estas resultassem em textos obscuros; os jornalistas tinham, e têm, a obrigação da clareza. Os escritores podiam e podem se estender por muitas páginas. Os jornalistas precisam limitar-se a um espaço previamente fixado. Se lhe são solicitadas quarenta linhas, então o texto deverá ter quarenta linhas. Se for maior, o editor vai ter de cortar – e qual o critério para isso? Se forem menos de quarenta linhas, sobrará um espaço – e como preenchê-lo? Além disto, os jornalistas têm prazo para entregar a matéria, coisa que raramente ocorre com os escritores.

De qualquer modo, porém, muitos escritores aderiram à nova forma de comunicação com o público – por exemplo, através do folhetim, equivalente à novela de tevê: uma obra de ficção publicada em capítulos (ou fascículos) que, no século dezenove, era muito popular, graças a autores como o inglês Charles Dickens, cujos textos eram inclusive enviados para os Estados Unidos: multidões aguardavam no porto o navio que trazia os fascículos. No Brasil, José de Alencar também ficou conhecido desta maneira. Em nosso país, aliás, surgiu um gênero que se tornou o elo de ligação entre literatura e o espaço jornalístico: a crônica, praticada por grandes nomes como Machado de Assis e Lima Barreto. No começo era basicamente um gênero intimista; lírica, poética, meditação sobre o cotidiano das pessoas – a versão literária da conversa de bar que, nas mãos de um Rubem Braga, de um Fernando Sabino, de um Paulo Mendes Campos, de um Luis Fernando Verissimo, deu grandes textos.

Se considerarmos a crônica clássica, aquela que vai, digamos, de Machado de Assis a Rubem Braga, constataremos que houve uma mudança ao longo do tempo. Mas a mídia mudou: tornou-se mais objetiva, mais "dura", privilegiando a notícia, a análise, e o comentário sob forma de coluna. Perdeu espaço, como outros gêneros, que praticamente sumiram dos jornais: o folhetim, o conto, a poesia. E é dirigida para um público obviamente restrito. Apesar disso, continuo achando que a crônica precisa de espaço nos grandes veículos. Trata-se de um respiradouro, de uma brecha na massa não raro sufocante de notícias. E é um gênero literário eminentemente brasileiro, que nas mãos de grandes cronistas, deu verdadeiras obras-primas. A crônica, com seu característico de mensagem pessoal, humaniza o veículo, alegra e comove o leitor.

10-4. Agora, responda às perguntas a seguir.

a. Segundo o texto, quais são as diferenças entre escrever um livro e escrever uma crônica?

b. O que era o folhetim e em que época ele se popularizou? Um dos maiores compositores da MPB – que completou 70 anos de idade no dia 20 de junho de 2014 – compôs uma música chamada "Folhetim", que ficou famosa na interpretação de Gal Costa. Quem é ele? Você conhece a música?

c. Moacyr Scliar menciona quatro dos maiores cronistas brasileiros. Quem são eles? Você já leu alguma crônica que eles escreveram? Caso tenha lido, lembra-se do título?

d. Por que Scliar considera importante preservar o espaço da crônica nos grandes veículos de imprensa?

Gramática I

Conjunções

As conjunções coordenativas unem palavras ou orações equivalentes (independentes) e as conjunções subordinativas unem uma oração principal com uma oração subordinativa (dependente).

Exemplos: *Eu te dei um livro que é precioso para mim, <u>mas</u> você não o leu e isso me feriu muito.*
conjunção coordenativa adversativa

Eu vou ler o livro, <u>contanto que</u> você não fique chateado comigo.
conjunção subordinativa condicional

10-5. Identifique e circule as conjunções.

a. Saiu cedo, mas não voltou ainda.

b. Estava preparando o bolo, quando você me telefonou.

c. Você reage ou será dominado pela depressão.

d. Não compareceu à reunião nem justificou a falta.

e. Não tenha tanta pressa, pois dispomos de bastante tempo.

f. Falou bonito, todavia não me convenceu.

g. Você presenciou toda a cena, portanto pode explicar tudo.

h. As plantações estavam bonitas, mas o temporal destruiu tudo.

i. Nossas leis não são justas, portanto precisamos de uma constituinte para modificá-las.

j. Ela sabe que errou, mas não quer reconhecer o erro.

k. Ele falava e eu ficava só ouvindo.

l. Compre um apartamento ou uma casa, mas tome uma decisão.

m. Esperei-o até tarde, mas ele não veio e nem avisou.

10-6. Diga se a conjunção E está ligando palavras [P] ou orações [O].

a. Suzana trabalha de dia e estuda à noite. ____

b. O médico e o psicólogo estudam o caso. ____

c. Desceu do carro e rapidamente entrou no restaurante. ____

d. Minhas tias, minhas primas e meu avô vieram para a festa. ____

e. Carolina e Pedro chegaram adiantados para a reunião. ____

f. Os estudantes fizeram a pesquisa e escreveram a tese durante o semestre todo. ____

g. A nutricionista apresentará uma palestra e responderá às perguntas dos convidados. ____

h. Os músicos se apresentam em São Paulo e em Curitiba. ____

i. Visitaremos o Pantanal e viajaremos para Cuiabá. ____

j. Ele foi um grande arquiteto, construiu museus e vários hotéis. ____

k. Rafaela negociou com o grupo de empresários e bancários. ____

l. Maurício compra e vende carros constantemente. ____

10-7. Sublinhe a conjunção coordenativa em cada frase e classifique-a.

a. Tinha feito vários cursos, logo devia estar preparado para a audição.
_____

b. Vocês falam muito, contudo nada fazem. _____

c. A cantora não aceita críticas ao seu trabalho e cria vários problemas com a imprensa.
_____

d. Precisamos do transporte ferroviário, pois é mais econômico.
_____

e. Os povos da América do Sul enfrentam problemas sociais comuns, por isso devem unir-se.
_____

f. Não comentarei nada, nem darei entrevista. _____

g. Quer colaborem, quer dificultem nosso trabalho, o projeto será aprovado.
_____

h. Continue escrevendo esses lindos poemas que logo você poderá publicá-los.
_____

i. Ou muda muita coisa aqui, ou a situação vai ficar insuportável.
_____

j. Havia várias propostas de emprego, todavia o salário não era interessante.
_____

10-8. Classifique as conjunções destacadas nas frases abaixo.

a. Hoje estou com um péssimo humor, **porque** briguei com meu sócio. _____

b. **Quando** percebi, minha bolsa havia sumido. _____

c. **Conforme** eu já esperava, tirei nota baixa. _____

d. **Ainda que** eu demore para conseguir um novo emprego, não voltarei para aquela empresa. _____

e. **Caso** você saia, feche a porta, por favor. _____

f. Estudei os capítulos pedidos, **mas** não entendi nada. _____

g. Li **e** reli o livro de biologia celular. _____

h. **Ou** você me engana **ou** não está maduro. _____

i. Não só se atrasou, **mas também** esqueceu o trabalho de português em casa. _____

j. **À proporção** que estuda, mais aprende física. _____

10-9. Escreva frases com as conjunções coordenativas e subordinativas abaixo e classifique-as.

a. contudo
_____

b. tão...como
_____

c. portanto
_____

d. ainda que
_____

e. segundo
_____

f. ou...ou
_____

g. conforme
_____

h. tanto que
_____

i. porque
_____

j. ao passo que
_____

Gramática II

Verbos de ligação

Como vimos, os verbos de ligação ligam o sujeito e suas características. São eles:

Ser, estar, permanecer, ficar, tornar-se, transformar-se, virar.

10-10. Complete as orações abaixo com um verbo de ligação; use cada verbo apenas duas vezes.

a. O diretor _____ aborrecido hoje.

b. Adriana _____ belíssima com aquele vestido.

c. João e Andréia _____ meus melhores amigos.

d. O professor _____ calado durante toda a aula.

e. Eles _____ felizes com a notícia.

f. Com o tempo aquela menina _____ numa linda mulher.

g. _____ contente com os resultados das provas dos alunos.

h. Ela _____ uma mãe muito atenciosa.

i. _____ quietos e atentos durante todo o espetáculo.

j. Joana _____ surpresa com os preparativos para a festa.

10-11. Usando os verbos de ligação *ser, estar, permanecer, ficar, virar, tranformar-se, tornar-se* escreva um parágrafo descrevendo as características físicas e intelectuais de seu ídolo.

_____
_____
_____

10-12. Entreviste o seu/a sua melhor amigo/a sobre o ídolo dele/a. Elabore perguntas com os verbos de ligação.

Pergunta [P]

Resposta [R]

[P]_____?

[R]_____.

[P]_____?

[R]_____.

[P]_____?

[R]_____.

[P]_____?

[R]_____.

[P]_____?

[R]_____.

10-13. Observe as frases:

Catarina é baixinha.

Catarina está baixinha para a idade.

*Observe, na 1ª frase, que ao se referir a uma característica permanente de Catarina, empregou-se o verbo de ligação **ser**. Na 2ª frase, empregou-se o verbo **estar**, porque se deseja fazer referência a um estado transitório de Catarina: ela está baixinha, mas pode crescer.*

   a. Qual das frases abaixo você empregaria se quisesse dizer que seu cachorro come o tempo todo?

       I. Meu cachorro está faminto.

      II. Meu cachorro é faminto.

b. Escreva uma frase com verbo de ligação para cada situação a fim de afirmar que:

I. por ter ido muito bem numa prova difícil, feita hoje, você se alegrou muito.
_____

II. que você sempre está alegre.
_____

Gramática III

Concordância nominal e verbal

Concordância nominal: todas as palavras que se referem ao substantivo ou substantivos têm que concordar em gênero, número e grau.

Ex: Os meus irmãos mais velhos são altos, morenos e de olhos escuros. Já os mais novos são loiros de olhos azuis; eu fico no meio, com cabelos castanho-claros e olhos de gato cinza-claro.

Concordância verbal: neste caso o verbo precisa se conformar com o sujeito da frase.

Ex: Eu e minha irmã saímos juntas quando podemos.

10-14. Complete os espaços com um dos verbos colocados entre parênteses.

a. _____ os filhos e o pai... (chegou/chegaram)

b. Fomos nós que _____ na questão. (tocou/tocamos)

c. Não serei eu quem _____ o dinheiro. (recolherei/ recolherá)

d. Mais de um torcedor _____ estupidamente. (agrediu-se/agrediram-se)

e. O fazendeiro e os peões _____ a cerca. (levantou/ levantaram)

f. _____ de haver algumas mudanças no seu governo. (há/ hão)

g. Sempre que _____ alguns pedidos, procure atendê-los rapidamente. (houver/ houverem)

h. Pouco me _____ as desculpas que ele chegar a dar. (importa/ importam)

i. Jamais _____ tais pretensões por parte daquele funcionário. (existiu/ existiram)

j. Tudo estava calmo, como se não _____ havido tantas reivindicações. (tivesse/ tivessem)

k. Espero que se _____ as taxas de juro. (mantenha/ mantenham)

l. É importante que se _____ outras soluções para o problema. (busque/ busquem)

m. Hoje já não se _____ deste modelo de carro. (gosta/ gostam)

10-15. Assinale a alternativa que apresenta erro de concordância.

I.
- a. Tem duas blusas verde-musgos.
- b. Usava sapatos creme.
- c. Comprou faixas verde-azuladas.
- d. Trouxe gravatas azul-celeste.

II.
- a. O poeta considera ingrata a terra e o filho.
- b. O poeta considera ingrato o filho e a terra.
- c. O poeta fala de um filho e uma terra ingratas.
- d. O poeta fala de uma terra e um filho ingratos.

III.
- a. Os alunos ficaram sós na sala.
- b. Já era meio-dia e meia.
- c. Os alunos ficaram só na sala.
- d. Márcia está meio vermelha.

IV.
- a. Vi homem e mulher animados.
- b. Era uma pseuda-esfera.
- c. Encontramos rio e lagoa suja.
- d. Regina ficou a sós.

V.
- a. Vós próprios podereis conferir.
- b. Desenvolvia atividades o mais interessantes possíveis.
- c. Anexa ao requerimento, está a documentação solicitada.
- d. Ele já estava quite e tinha bastantes possibilidades de vitória.

VI.
- a. Maçã é ótimo para isso.
- b. É necessário atenção.
- c. Não será permitida interferência de ninguém.
- d. Música é sempre bom.

10-16. Nas frases a seguir use as palavras entre parênteses para estabelecer a(s) concordância(s) correta(s).

a. Recebemos _____ o documento da gerente do banco. (incluso)

b. É _____ a luta pelos direitos humanos. (necessário)

c. As mãos estavam _____ fechadas, escondendo o tremor do nervosismo. (meio)

d. _____ a esta carta segue a fotografia das férias das crianças. (anexo)

e. _____ a esta carta seguem as declarações do Imposto de Renda. (anexo)

f. Era ela _____ que cozinhava o almoço todos os dias na fazenda. (mesmo)

g. Ao meio-dia e_____ nós estávamos _____ com a dívida, evitando maiores problemas. (meio – quite)

h. É _____ tirar fotos. (proibido)

i. Pimenta em dose certa é _____ para o paladar. (bom)

j. As duas caminhavam esquecidas de si _____ (mesmo)

k. Eles viveram _____ no apartamento da praia. (só)

l. Eles estavam _____ olhando. (só)

m. Estou _____ com você, mas você não pode dizer que estamos _____ (quite)

10-17. Reescreva as frases, trocando as palavras destacadas pelas dos parênteses e refazendo a concordância.

a. Compramos valiosos **quadros** e tapetes do Oriente Médio. (telas)

b. Reencontrei amigos e **amigas** queridas. (companheiros)

c. Essa região produz ótima **soja** e milho. (algodão)

d. Trabalhei em conceituado **colégio** e universidade (instituição de Ensino Fundamental e Médio)

e. Encontrei meninas e **senhora**s assustadas após o assalto ao banco. (senhores)

f. Não costumo vestir saia e **blusa** justas. (jeans)

Retomando a leitura

10-18. Leia novamente os textos dessa unidade no livro-texto e responda às perguntas a seguir.

a. Considere os autores citados no texto "A nova geração literária brasileira", de Nelson H. Vieira, e procure estabelecer alguns pontos de contato entre eles a partir dos tópicos mencionados no próprio texto (por exemplo, questões étnicas e regionais, quadros sobre raça, mundo urbano etc.). Como ponto de partida, retire da biblioteca alguns livros dos autores mencionados e leia algumas narrativas (romances, contos etc.).

b. No texto "Leituras da família", Rex Nielson expõe algumas questões ligadas à família como um símbolo da cultura e da experiência histórica brasileiras. Como o autor descreve as relações desse símbolo com a história do Brasil, especialmente através da figura do pai? Você acha que ocorre algo semelhante em sua cultura de origem?

c. Releia o texto "Arquitetura das palavras", de Milton Hatoum, e responda: a que o escritor se refere quando afirma que "algo do arquiteto existe no escritor"?

d. Para Milton Hatoum, qual a importância do narrador para o romance moderno? Você concorda com ele?

e. Milton Hatoum declara que as diversas línguas que ouvia em sua infância e primeira juventude, além das histórias que o avô narrador lhe contava, marcaram sua experiência de modo profundo. Para o autor, o que confirma, em suas obras, a importância da cultura oral?

Diálogo

A arte no cotidiano

10-19. Vera, Sabine e Fernando fazem parte de um clube de leitura e estão conversando no café de uma livraria sobre a experiência e o próximo encontro.

Sabine: Gostei muito do livro que a gente leu na semana passada. Machado de Assis era um homem muito à frente do seu tempo e foi bom reler *Dom Casmurro* agora com olhos de adulta. Aliás, gosto muito de reler livros. Cada fase da minha vida é uma leitura diferente do mesmo livro.

Fernando: Ainda me espanta a universalidade do Machado – um homem que mal saiu do Rio de Janeiro. Realmente, podemos viajar por outros mundos através dos livros. A palavra escrita me encanta por causa disso.

Vera: Por isso que eu gosto de participar desse clube de leitura. Temos a oportunidade de ler e depois esse espaço para dialogar com as outras pessoas sobre o que lemos – adoro essa troca.

Sabine:	Sim, adoro ler, mas gosto ainda mais de discutir os livros com outras pessoas. Sempre fico ao mesmo tempo perplexa e encantada com as interpretações das pessoas. Eu vibro durante cada encontro porque de repente o livro saiu das minha mãos e foi cair nas mãos de outra pessoa que tem toda uma outra história, e sua história é articulada com a leitura de maneira diferente da minha.
Fernando:	Sim, essa relação entre o leitor e o livro me fascina, mas a leitura com uma comunidade de leitores é ainda mais fascinante. De repente abre a possibilidade não só de ver o livro por outras lentes, mas de ver as pessoas por outras lentes. E a leitura é para isso mesmo, não é? Abrir a cabeça da gente. Creio que o romance dessa semana vai gerar muita conversa. *Os Maias* é uma narrativa do Eça de Queirós que me atrai muito. Esses romances com gerações de famílias funcionam como um microcosmo da sociedade daquela época, claro que levando em consideração a classe social.
Sabine:	Eu já prefiro romances mais contemporâneos, e não vejo a hora de ler o último livro do Mia Couto. Uma vez eu o vi em pessoa e ele é encantador, além de ser um escritor maravilhoso.
Vera:	Gosto dos romances e contos, mas agora estou numa fase em que só quero ler poesia. Os únicos romances e contos que estou lendo agora são as leituras para o clube.
Sabine:	Eu, na realidade, gosto de mergulhar em romances longos, com narrativas complexas e vários narradores. Amei o romance da Nélida Piñon, *A República dos Sonhos*. Também me apaixonei por *A Costa dos Murmúrios*, da Lídia Jorge. Ei, falando nisso, eu adoraria ler *A República dos Sonhos* com o pessoal do clube. Você acha que eles topam?
Vera:	Eu sei que eu topo. Faz muito tempo que estou querendo ler esse romance. Uma história sobre uma família de imigrantes é o tipo de narrativa que eu gosto.
Fernando:	Você pode sempre sugerir esse livro. Por enquanto temos mais três já escolhidos, não é?
Vera:	Sim, e já comprei os livros. Não sei a ordem, mas vamos ler valter hugo mãe, Sérgio Sant'Anna e Madalena São-Bento.
Fernando:	Estou doido para ler valter hugo mãe. Ouvi dizer que chamam os primeiros livros dele de tetralogia das minúsculas. Sérgio Sant'Anna eu já conheço bem, mas a escritora, não.
Sabine:	Então, antes de alguém acrescentar mais algum livro na lista, vou sugerir o livro da Nélida. Bem, vou indo, pois já é tarde e amanhã eu tenho muito que fazer.
Vera:	Isso mesmo, sempre falam que Deus ajuda quem cedo madruga! Quem sabe eu consigo começar a levantar um pouco mais cedo.
Fernando:	Você, Vera??!! Nem pensar! Eu vou para a cama com as galinhas para acordar cedo, mas sei que você dorme super tarde. Logo cedo vejo os seus emails que chegaram às 3 ou 4 da manhã. Não é à toa que você vive trançando as pernas.

Caderno de produção   Literatura e crítica literária

Vera: É que eu leio todas as noite e muitas vezes não consigo parar antes de terminar o livro.

Sabine: O mesmo acontece comigo! Ainda bem que estamos todos num clube de leitura!

Agora, responda às seguintes perguntas:

a. Faça uma pequena biografia de Machado de Assis. *Dom Casmurro* é um dos seus romances mais conhecidos. O que significa casmurro?

b. Escreva uma pequena biografia de Eça de Queirós.

c. De onde é o Mia Couto? Escreva uma pequena biografia de Mia Couto.

d. Sobre o que é a *A República dos Sonhos*, de Nélida Piñon? Onde se passa o romance *A Costa dos Murmúrios*, de Lídia Jorge? Há alguma temática similar nesses dois romances, pelo que você pôde descobrir?

e. De onde vêm estes cinco escritores: Eça de Queirós, valter hugo mãe, Sérgio Sant'Anna, Madalena São-Bento e Mia Couto? Faça uma pesquisa na internet e escreva uma pequena biografia de cada um. Por qual escritor/a você acha que se interessaria? Por quê?

f. Por que os livros do valter hugo mãe seriam chamados de tetralogia das minúsculas?

g. Veja estas duas expressões idiomáticas:

   Deus ajuda quem cedo madruga.

   Ir para a cama com as galinhas.

   O que cada uma dessas expressões significa? Escreva uma frase original para cada expressão.

h. Você faz ou fez parte de um clube de leitura? Se sim, como é ou foi essa experiência? Se não, por que não? Explique.

i. Que tipo de leitor você é? Você gostar de conversar com outras pessoas sobre os livros que lê?

VÍDEO

10-20. Depois de assistir ao vídeo, responda às perguntas a seguir.

a. Por que Luiz Ruffato acredita não ser possível adaptar a literatura por ele produzida para outras linguagens artísticas? O que ele achou da adaptação para teatro do seu romance *Eles eram muitos cavalos*?

b. Para Luiz Ruffato, qual é a função da arte? Que exemplos ele utiliza para ilustrar sua opinião? Você concorda com ele?

c. Para Ruffato, por que a obra de Machado de Assis se modifica conforme o passar do tempo?

d. O que Ruffato acha interessante na obra de William Faulkner? Em que aspecto ele considera

Faulkner mais interessante do que James Joyce? Por quê? Para Ruffato, qual a grande diferença entre Faulkner e Joyce?

e. Você ouviu falar do polêmico discurso que Ruffato proferiu na Feira do Livro de Frankfurt em 2013? Compare o discurso (leitura em voz alta) e a conversa (fala espontânea) de Ruffato com Marguerite Harrison. Nem todo escritor é também um bom orador. O que você acha do caso do Ruffato? Por quê?

CHAMADA PARA A ESCRITA

10-21. Dentre as várias opções a seguir, escolha e desenvolva uma delas.

a. Você certamente traz na memória algumas histórias. Faça uma versão escrita de uma dessas histórias.

b. Escolha uma canção popular do mundo lusófono e escreva uma história a partir dela. Transcreva a letra da canção no começo do texto para que seu leitor tome conhecimento do seu ponto de partida. Utilize palavras e trechos da letra da canção em sua história.

c. Escolha um autor contemporâneo e prepare uma apresentação em *powerpoint* utilizando escrita e imagem. Inclua um resumo biográfico, uma lista das obras do autor e comentários breves (frases soltas ou parágrafos curtos) sobre uma obra específica do autor (que pode ser um romance, um conto ou algum outro tipo de narrativa).

d. Escrita coletiva de um conto. Você ou um de seus colegas irá escrever o primeiro parágrafo de uma história. O texto vai passando de mão em mão e a última pessoa deverá escrever o último parágrafo. O conto pode ser extremamente curto (cada um escreve apenas um único parágrafo) ou um pouco mais extenso (cada um escreve dois ou três parágrafos). Se cada um for escrever mais de um parágrafo, é importante respeitar a seguinte regra: você escreverá o segundo parágrafo somente depois de todos os colegas terem escrito o primeiro parágrafo, e assim por diante.

e. Pesquise na internet sobre narradores orais (contadores de história) do mundo lusófono. Escolha um narrador e transcreva uma história. Prepare duas versões: 1) uma transcrição literal e 2) uma versão adaptando os traços de oralidade para o universo da escrita.

f. Escreva a paródia de um conto.

g. Escolha um conto ou um romance e escreva uma resenha crítica. Use os termos do banco de palavras do vocabulário quando e se necessário.

Unidade 11

Artesanato, tecelagem e artefato

Vocabulário

11-1. Vá a uma feira de artesanato ou descreva uma feira que você já conhece. Descreva o que você viu nessa feira e como é diferente de comprar em lojas ou em shopping centers. Use as palavras a seguir conforme e se necessário.

>arte plumária, tecelagem, tapeçaria, cerâmica, adornos, acessórios, artesão, aprendiz, sementes, pedras, trama, trançado, entalhe em madeira, cestaria, artesanato sustentável, trabalho manual.

Gramática I

Verbos reflexivos e recíprocos

Os verbos reflexivos já contêm no nome sua própria definição, por assim dizer: são aqueles cuja ação verbal reflete no próprio sujeito que a pratica. Os verbos reflexivos são acompanhados do pronome pessoal oblíquo (me, te, nos, se), mas cuidado para não confundir com os verbos pronominais.

Os verbos recíprocos indicam ações mútuas. Eles também usam os mesmos pronomes que os reflexivos.

Às vezes, por causa de os pronomes pessoais serem idênticos tanto para os verbos reflexivos como para os verbos recíprocos, é necessário dar mais detalhes.

Exemplo:

Mariana e Vera se maltrataram.

Aqui poderia ser que elas maltrataram uma à outra ou elas maltrataram a si mesmas. Para dar mais clareza ao discurso, a frase deve ser reescrita. Aqui estão duas soluções:

ação reflexiva

Mariana e Vera maltrataram a si mesmas.

ação recíproca

Mariana e Vera maltrataram uma à outra.

Mariana e Vera maltrataram-se entre si.

Mariana e Vera maltrataram-se mutuamente.

11-2. Conjugue os seguintes verbos reflexivos em todas as pessoas do singular e do plural; acompanhe o tempo verbal do exemplo.

Eu feri-me / me feri	Eu lavo-me / me lavo	Eu deitei-me / me deitei
Eu calo-me / me calo	Eu amei-me / me amei	Eu ajudo-me / me ajudo

11-3. Complete as frases com os verbos e pronomes entre parênteses.

a. _____ ao médico das dores nas costas. (Queixar / me)

b. _____ no sofá para descansar um pouco. (Deitar / me)

c. _____ de não ter comprado os ingressos para a ópera. (Arrepender / se)

d. _____ cuidadosamente em frente ao espelho. (Maquiar / se)

e. Pensei que _____ esquecido de ti para sempre. (Ter / me)

f. _____ de férias para Foz do Iguaçu. (Ir / nos)

g. _____ da piada. (Rir / me)

h. Henrique e Murilo _____ desde crianças. (Conhecer / se)

i. _____ pela casa adentro e começou a gritar. (Enfiar / se)

11-4. Classifique os verbos abaixo como ativo, passivo, reflexivo ou recíproco.

a. Eles deram a notícia sobre o casamento à família. _____

b. Elas deram-se provas de uma amizade verdadeira. _____

c. Eles deram-se ao cultivo das artes clássicas. _____

d. Deram-se vários prêmios na academia. _____

e. Conhece-o? _____

f. "Conhece-te a ti mesmo." _____

g. Ana e Camila conhecem-se desde a pré-escola. _____

h. Conhece-se um remédio eficacíssimo? _____

i. Desejei-vos um retorno tranquilo ao Cabo Verde. _____

j. Você só trabalha em favor de si. _____

11-5. Assinale a frase em que "se" exerce a função de índice de indeterminação do sujeito.

a. ___Se Tereza não for à festa, também não irei.

b. ___A criança machucou-se na bicicleta.

c. ___Trata-se do primeiro e último acordo com o Brasil

d. ___Ele impôs-se uma disciplina rigorosa para uma vida mais saudável.

e. ___Ergueu-se, passou a toalha no rosto e seguiu com os exercícios físicos.

f. ___Gosta-se muito de doces por aqui.

g. ___Comprou-se um novo balcão para a loja.

h. ___Emprestou-se muito dinheiro ao empresário de Goiás.

i. ___Deixou-se sentar na soleira da porta para ver o amanhecer.

j. ___As roupas, os varais, tudo isso se foi, levado pela correnteza.

Gramática II

Modais

Já vimos que os verbos modais exprimem obrigação (deônticos) e possibilidades (epistêmicos). É preciso, entretanto, estar atento à concordância verbal.

Vocês <u>têm de (devem) pedir</u> para um especialista verificar a autenticidade do manuscrito antes de comprá-lo.

Vocês – terceira pessoa do plural
têm de pedir ou devem – locução verbal
têm de – verbo modal
pedir – verbo principal

Quando o sujeito está entre o verbal modal e o verbo principal, às vezes é difícil perceber qual verbo flexionar. Lembre-se de que apenas o verbo modal se flexiona, sempre concordando em número e pessoa.

Precisam as pessoas se revoltar, antes que algo mude neste país.
as pessoas – terceira pessoa do plural
precisam se revoltar – locução verbal
precisam – verbo modal
se revoltar – verbo principal

11-6. Faça frases utilizando os verbos modais nos seguintes sentidos.

Obrigação:

_____
_____
_____

Possibilidade:

_____
_____
_____

11-7. Reescreva as frases acima sem utilizar os verbos modais.

Obrigação:

_____
_____
_____

Possibilidade:

_____
_____
_____

Gramática III

Cognatos

Já vimos alguns dos falsos cognatos no livro-texto. Aqui estão mais alguns.

Eu guardei todos <u>os apontamentos</u> das nossas reuniões. (notas)

Ele foi muito <u>compreensivo</u> comigo quando eu perdi a hora e chegamos tarde para o concerto. (ele entendeu a minha situação)

Eu tenho um <u>compromisso</u> amanhã às 3:00 da tarde e não posso faltar. (uma hora marcada)

Nós temos o <u>costume</u> de tomar o café da manhã na varanda quando o tempo está bom. (hábito)

O candidato vitorioso irá <u>assumir</u> o cargo de presidente assim que voltar de viagem. (tomar posse)

Ela é de uma <u>ingenuidade</u> impressionante para a idade dela. Você pode contar a maior lorota que ela acredita. (alguém que não tem a menor malícia)

Quando as crianças chegarem do colégio, elas vão tomar um <u>lanche</u>; mais tarde jantaremos todos juntos. (algo que se come entre as refeições ou às vezes no lugar da refeição, mas não é o almoço e geralmente é algo ligeiro)

Essa enchente está causando o maior <u>prejuízo</u>. (perda ou dano)

Meu filho <u>pulou</u> de alegria quando eu contei para ele que a sua prima Maria viria visitá-lo. (saltar)

Um vaso é um excelente <u>recipiente</u> para plantas. (lugar para colocar algo)

Nós não <u>suportamos</u> esse político! Ele tem umas ideias que nos assustam. (tolerar)

11-8. Escolha a melhor opção para a palavra sublinhada.

a. Na universidade, meu programa de estudo era muito <u>abrangente</u>.
understanding, sensitive, comprehensive, compromise

b. Meus pais são pessoas muito <u>sensatas</u>.
sensible, comprehensive, sensitive, deceptive

c. Nunca pensei que a seca causasse tanto <u>prejuízo</u>!
injury, ingenuity, sensitivity, damage

d. Eu não <u>suporto</u> discriminação.
appoint, tolerate, deceive, understand

11-9. Identifique as frases que apresentam um falso cognato para a língua portuguesa. Escreva ao lado como é a palavra em português.

a. Actually, she did the right thing.

b. I am a doctor.

c. I made a costume for Carnival.

d. I didn't realize it was raining.

e. I have an appointment tomorrow.

f. It was a terrific concert.

g. He went bald so young.

h. She is very sensible.

11-10. Escolha a palavra correta do banco de palavras para preencher as lacunas. Conjugue o verbo quando necessário e preste atenção a gênero e número. Nem todas as palavras serão utilizadas.

> ingenuidade, costume, recipiente, atualmente, compreensivo, colégio, graduação, prejuízo, pular, lanche, hábito, sensato/a, decepcionar, assumir, suportar, sensível.

a. Ela _____ o cargo de presidente da universidade quando era ainda muito jovem.

b. _____ nós vivemos em São Paulo.

c. O calor realmente não é para mim. Eu não _____ essas temperaturas absurdas.

d. Ele é uma pessoa extremamente _____ e preciso sempre medir as palavras quando falo com ele.

e. Soraia é organizada e tem a vida toda planejada. Ela é uma pessoa muito _____ para a idade dela.

f. Minha família tem muitos _____ peculiares. Por exemplo, tomamos o café da manhã sempre juntos, mas todos lemos o jornal durante o café da manhã.

g. Se você não terminar a sua parte do trabalho, vai causar o maior _____ para a companhia.

h. Eu queria novamente ter aquela _____ das crianças.

11-11. Escolha oito palavras cognatas e escreva frases originais com elas. Podem ser com palavras do livro-texto ou deste caderno de produção ou outras que não constam aqui.

_____

_____

_____

Retomando a leitura

11-12. Leia os textos novamente e responda às perguntas a seguir.

a. "Os percursos de um tapeceiro". Procure na internet vídeos e imagens sobre Henrique Schucman e sobre tapeçaria em geral. Escolha um dos vídeos ou uma fotografia de um dos trabalhos de Henrique e escreva um comentário sobre ele.

b. Leia sobre pintura rupestre e tapeçaria, procurando estabelecer relações entre elas. Anote suas observações sob a forma de fragmentos. Escreva pelo menos cinco fragmentos curtos (que podem ser frases ou parágrafos breves).

c. Releia o depoimento "Semeando ideias, criando peças" no livro-texto e responda: como é o processo criativo de Ana Rizzo?

d. "A singularização das artes indígenas". Faça uma pesquisa bibliográfica sobre arte indígena brasileira procurando aprofundar a complexa questão levantada por Edson Luis Gomes sobre a definição de arte indígena. Considere, por exemplo, a pluralidade cultural dos índios brasileiros e a extrema diversidade que necessariamente ocorre no campo da arte indígena brasileira.

e. Você já esteve em um ou mais museus mencionados por Edson Luis e teve oportunidade de ter algum tipo de contato mais próximo com a arte indígena brasileira? Se não, veja o que consegue encontrar pela internet. Que aspectos da estética indígena você considera mais interessantes?

Diálogo

A arte no cotidiano

Virgínia, Mateus, Luca e Ana Rita estão numa feira de artesanato. Leia os vários diálogos.

Virgínia e Mateus estão caminhando juntos e olhando tudo que tem nas diferentes barracas.

Virgínia para Mateus: Amei este colar de coco e pedras brasileiras. Você acha que é muito caro?

Mateus: Não sei, mas vamos perguntar. Sempre podemos dar uma pechinchada.

(Se dirigindo para a senhora) Mateus pergunta: A senhora poderia me dizer o preço desse colar? Minha namorada achou bem legal.

Senhora: Ele é todo feito à mão pela minha filha. Ela não está aqui hoje, mas o trabalho dela é perfeito. Pega para você ver.

Virgínia: É mesmo lindo e super original. Adorei o tom das pedras. Quanto é?

Senhora: São 80 reais e eu não posso fazer uma diferença no preço porque minha filha não está aqui.

Virgínia:	Gostei, mas o preço está um pouco salgado. Vou pensar enquanto dou uma volta pela feira.
Senhora:	Não se preocupe. Eu fico aqui até o fim da feira.
Mateus:	Obrigado.
Virgínia:	Sim, obrigada.

11-13. Responda às perguntas a seguir:

a. O que significa a expressão "preço salgado"?

b. Descubra quais são as chamadas pedras brasileiras.

c. Você tem o costume de pechinchar? Se não, por que não? Se sim, como e onde?

Ana Rita e Luca estão numa outra parte da feira onde tem antiguidades e um sebo.

Ana Rita:	Me disseram que tem exemplares de fotonovelas neste sebo no meio das antiguidades. Quando eu era menina, eu me lembro da minha avó falando das fotonovelas, e de vez em quando eu via um exemplar pela casa e eu folheava as páginas fascinada. Desde que ela morreu tenho tido vontade de ler uma fotonovela. Sei lá, uma maneira de me aproximar dela. Meio estranha, eu sei.
Luca:	Eu não acho nada esquisito. Vamos ao sebo, que acho que fica sempre ao lado das molduras antigas.
Ana Rita:	Olhe, estou vendo. Vamos lá. (mexendo nos exemplares). Puxa, é exatamente como eu me lembro. Achava tudo isso tão misterioso e romântico!
Luca:	Com o desenvolvimento da tecnologia, as fotonovelas parecem fazer parte de outro mundo.
Ana Rita:	É mesmo, mas esse mundo faz parte da minha história. Vou comprar uns dois ou três exemplares, se não forem muito caros.
Luca:	Me deixa comprar? Eu sei que você tinha uma relação muito especial com a sua avó e quero te dar esse presente.
Ana Rita:	Puxa, Luca. Você me deixou comovida agora. Obrigada! Que presente maravilhoso!

11-14. Responda às perguntas a seguir:

a. O que é um sebo? Você já esteve num sebo?

b. O que são fotonovelas?

c. Você já comprou ou ganhou alguma coisa que tinha um significado como as fotonovelas para Virgínia? O que foi?

Parte da experiência de ir a uma feira ao ar livre é comer os salgadinhos e quitutes. Depois de dar umas voltas pela feira, os quatro decidem dar uma paradinha para comer. Depois de comprar a comida, eles se sentam debaixo de uma árvore para comer – uma mistura de coxinhas de frango, croquetes de camarão e de carne, empadinhas, rissoles e, para beber, suco de maracujá e água de coco. As sobremesas eles vão comer depois e também vão levar para casa. Já compraram uma caixa de docinhos brasileiros sortidos como cocadas, bem-casados, brigadeiros, beijinhos, pés de moleque, quindins, queijadinhas, nozes fingidas, camafeus, ameixas recheadas (olho de sogra).

Virgínia:	Achei um colar lindo que estou doida para comprar, mas está meio caro.
Ana Rita:	Eu tô achando tudo muito caro. Antes as feiras de artesanato eram mais em conta, mas hoje em dia os preços estão muito altos. Acho certo. Esse pessoal trabalha com as mãos, um trabalho artesanal super bem feito e a gente tem que dar valor.
Luca:	Eu adoro as tecnologias de ponta, mas realmente aprecio todo o trabalho que as pessoas fazem com as mãos. Há algo de pessoal nisso.
Virgínia:	Sabe, toda vez que preciso resolver alguma coisa, desatar algum nó na minha cabeça, eu tento fazer algo com as mãos. Pego um crochê ou rabisco alguma coisa, um desenho, qualquer coisa.
Mateus:	Eu adoraria aprender a tecer – já vi umas tapeçarias maravilhosas, e quando olho com atenção percebo toda a arquitetura por detrás do desenho. É realmente incrível! Pena os teares serem tão caros e grandes. Eu não tenho espaço para isso e muito menos a grana.
Ana Rita:	Eu já vi uns teares bem pequenos. Por que você não começa por aí? Só para ver se você gosta.
Mateus:	É mesmo, realmente eu não tinha pensado nisso. Boa.
Virgínia:	Essa conversa toda me animou. Vou voltar e comprar aquele colar. Além de ter me apaixonado pelo colar, eu quero valorizar o trabalho do artesão.
Mateus:	Eu volto com você, Virgínia, e de lá vou pra casa.
Ana Rita:	Nós já vamos também. Quero sentar e ler as fotonovelas que encontramos no sebo do outro lado da feira e que o Lucas me comprou de presente.
Luca:	Então vamos todos. Tá na hora pra mim também.
Ana Rita:	Vamos juntos comprar o colar; estou doida para ver. Aí andamos até meu apartamento, eu passo um café e a gente come os docinhos.
Virgínia:	Então, vamos!

11-15. Responda às perguntas a seguir.

a. Você gosta de trabalhar com as mãos? Tem algo que você faz ou cria com as mãos? O que o trabalho com as mãos lhe permite? Você consegue "desatar algum nó" como a Virgínia?

b. O que você compra que é feito à mão?

c. Você gosta de tecnologia? Como você usa a tecnologia no seu cotidiano?

d. Como a arte e a tecnologia podem se entrelaçar?

e. A culinária também é uma arte e faz parte da cultura de um país. O que você conhece da culinária dos países de fala portuguesa? O que você já provou? Descreva suas experiências com as comidas dessas culturas.

Vídeo

11-16. Assista ao vídeo e responda às perguntas a seguir.

a. Segundo o relato de Henrique Schucman, quais foram as experiências decisivas que fizeram com que ele se tornasse tapeceiro?

b. Henrique Schucman afirma que não tem e não quer ter um estilo. Como ele justifica essa posição?

c. Ao descrever seu processo criativo, Henrique Schucman o compara ao de Dorival Caymmi. Quais as principais características desse processo e qual sua principal consequência?

d. Para Ana Rizzo, o artista nasce feito?

e. Como Ana Rizzo analisa a relação entre arte e artesanato?

Chamada para a escrita

11-17. Dentre as várias opções a seguir, escolha e desenvolva uma delas.

a. Escreva uma narrativa, um poema, um ensaio ou qualquer outro tipo de texto a partir de uma tapeçaria de Henrique Schucman.

b. Assista a alguns filmes de cineastas indígenas e procure identificar a concepção de arte de um dos diretores e a relação entre a concepção do diretor e a da cultura na qual ele está inserido. Observe também, ao assistir aos filmes, a presença de outras artes como a dança, a música, a pintura e a escultura. Tome como referência a página: http://www.videonasaldeias.org.br/2009/ Escreva uma resenha ou uma impressão sobre um dos filmes.

c. Procure em sua cidade uma loja ou uma feira em que haja produtos artesanais brasileiros e/ou lusófonos de comércio justo (*fair trade*). Selecione uma peça e reconstrua a história da mesma. Se possível, encontre o artesão/a artesã que a produziu e o/a entreviste. Como referência básica, leia (em português) sobre a WFTO (World Fair Trade Organization – Organização Mundial do Comércio Justo), por exemplo, em uma página como esta: http://www.artesol.org.br/site/historico-principios/

d. Grave o depoimento de um índio falando sobre a arte de seu povo e o transcreva. Se você não conseguir entrar em contato com um índio, tente fazer contato com algum antropólogo, etnógrafo ou historiador da arte indígena. Feita a transcrição, relate para a turma o que você descobriu, procurando entender a concepção de arte da pessoa entrevistada.

e. No livro-texto encontra-se a seguinte citação de Mário de Andrade: "O artesanato é uma parte da técnica da arte, a mais desprezada infelizmente, mas a técnica da arte não se resume ao artesanato". Procure explicitar o sentido das palavras "artesanato", "técnica" e "arte", e produza um texto argumentativo posicionando-se contra ou a favor da declaração de Mário.

Unidade 12

A arte de ser no mundo de língua portuguesa

Revisão da gramática e do vocabulário

Nesta unidade você vai fazer uma revisão principalmente dos tempos verbais. Alguns outros pontos gramaticais, os ditados populares e as expressões idiomáticas com as partes do corpo e o léxico coloquial do português-luso-afro-brasileiro dessa unidade estão inseridos nos textos e perguntas a seguir.

12-1. Leia os textos abaixo e preste atenção às instruções, ora pedindo tempo verbal correto, ora pedindo aumentativo, diminutivo, plural etc. Lembre-se dos tempos verbais compostos e das regras de concordância verbal e nominal.

Certo dia há algum tempo, eu (1)_____ (acordar) com a ideia de visitar o maior número possível de países lusófonos e algumas regiões onde parcelas da população ainda (2)_____ (falar) português. Sim, (3)_____ (ser) uma viagem longa que (4)_____ (ter) um começo certo, mas um final indefinido. Afinal de contas, eu teria que achar recursos e tempo em meio a uma vida atribulada para fazer as inúmeras viagens. Eu também não queria fazer todas as viagens sozinha; por isso, (5)_____ (ter) que acertar datas e viagens com amigos e parentes que me (6)_____ (acompanhar) em algumas dessas aventuras.

A primeira coisa que tive de fazer (7)_____ (ser) decidir por onde começar, pois há países ou lugares que falam português na América Latina, na Europa, na Ásia e na África. Minha cabeça (8)_____ (começar a) sonhar com esses mundos todos unidos por uma língua que (9)_____ (atravessar) os mares com os portugueses e (10)_____ (se instalar) em outras paragens como Brasil, Moçambique, Angola, Timor-Leste, Ilha da Madeira, Cabo Verde, Macau, São Tomé e Príncipe, Guiné, Guiné-Bissau, Goa e Açores.

Responda às perguntas a seguir.

a. Se você tivesse que escolher apenas três países para visitar, quais seriam eles e por quê?

_____

_____

_____

b. Escolha pelo menos dois lugares e/ou atividades que você faria nos três países que escolheu.

_____

_____

_____

Como (11) _____ (ser) brasileira, já podia riscar esse país da minha (12) _____ (diminutivo de lista) (13) _____, (aumentativo de lista), eu diria; mesmo assim, eu certamente queria visitar lugares do Brasil onde nunca (14) _____ _____ (estar – tempo composto), e, portanto, teria que planejar minha viagem de acordo com as viagens já (15) _____ (fazer) etc. Como também havia outros países que nunca tive a oportunidade de visitar, (16)_____ (perceber) rapidamente que a viagem (17) _____ _____ (durar) pelo menos três anos, pois teria que viajar pela América Latina, Europa, Ásia e África. Na época, (18) _____ (se parecer) uma loucura, mas mesmo assim eu <u>comecei a mexer os pauzinhos</u> e, aos poucos, fui criando um itinerário e achando tempo e dinheiro para viajar. Sabe como é, <u>de grão em grão a galinha enche o papo</u>.

Responda às perguntas a seguir.

a. O que significa a expressão "comecei a mexer os pauzinhos"? Coloque-a numa frase original.

_____

_____

_____

b. O que significa a expressão "de grão em grão a galinha enche o papo"? Coloque-a numa frase original.

_____

_____

_____

Como minha irmã queria muito conhecer Moçambique, começamos por aí.

Quando eu e minha irmã, que mora (19) _____ (preposição) Canadá,
(20) _____ (estar) em Moçambique nos concentramos no Norte. (passar)
(21) _____ por Cabo Delgado e também (22) _____ (ir) a Pemba,
Montepuz e arredores de <u>ônibus</u>. (23) Eu _____ (ir) a Cabo Delgado, onde
(24) _____ (ter) uma amiga; minha irmã (25) _____ (estar
interessado) em Pemba. Depois (26) _____ (estar) em Montepuez e
(27) _____ (plural de arredor). Nós (28) _____
(adorar) a estadia em Pemba, o mercado, as praias... Vamizi, então, nem me fale! Se eu
(29) _____ (ir) para lá novamente, (30) _____ (ir) a Vamizi.
(31) _____ (ter) a sorte de conhecer a equipe que estava à frente do projeto
de turismo ecológico. Quando lá estivemos, (32)_____ _____ (fazer)
estudo de campo, dormimos em barracas e o projeto (33) _____ (ficar) lindo. Creio
que hoje em dia o turismo ali é sofisticado, caro, mas é um lugar ao qual
(34) _____ (querer) voltar. (35) _____ (querer ir – tempo
composto) à Ilha de Moçambique, mas não (36) _____ (conseguir).

Depois fomos a Angola, e (37) _____ (trazer) na memória os dias que
passamos na Ilha do Músculo; volta e meia ainda (38) _____ _____ (ver) as
fotos que tiramos lá. Hoje em dia, o trânsito de Luanda (39) _____ (estar) um caos,
mas existem várias galerias e museus; (40) _____ _____ _____
(ouvir falar – tempo composto) do Museu Nacional da Escravatura de Luanda, mas não
(41) _____ (poder) ir. A baía, pelo que me disseram, está toda renovada e as
pessoas andam a pé.

Responda às perguntas a seguir.

a. Pensando no livro *Sete vozes,* encontre pelo menos duas outras palavras em português que significam ônibus e escreva uma frase original com cada palavra.

_____

_____

_____

b. Encontre duas outras palavras para amigo/a em português e escreva uma frase original com cada uma.

_____

_____

_____

c. Se você fosse para Moçambique, aonde iria? Escolha dois locais que você visitaria e/ou duas atividades que você faria.

_____

_____

_____

d. Se você fosse para Angola, aonde iria? Escolha ao menos dois locais que você visitaria e/ou duas atividades que você faria.

_____

_____

_____

Minhas primeiras viagens pelo mundo de fala portuguesa me
(42) _____ (agradar) tanto que voltei para casa já
(43) _____ (pensar) na próxima viagem que faria. Bem, pensei comigo mesma: "Preciso economizar!" Qual (44) _____ (ser) o meu próximo destino? De repente me pareceu óbvio. Vou para Portugal! O berço da minha língua e o lugar de nascimento do meu bisavô. Primeiro eu tinha de planejar tudo: o que já estava em ordem para a viagem, o que eu ainda teria de fazer e o que eu só poderia fazer na hora de viajar. Não quero me esquecer de nada! Também não quero me arrepender depois por algo que deixei de fazer.
(45) _____ (odiar) ficar pensando: "Ah, se eu tivesse visitado o Castelo teria visto como as pessoas viviam no século passado!"

Responda às perguntas a seguir:

a. Imagine que você tem uma viagem planejada para Macau no mês que vem. O que você já fez/comprou/planejou para essa viagem? (Use os tempos compostos.)

_____

_____

_____

b. Se tiver tempo/dinheiro/imaginação, o que você ainda fará com relação a essa viagem? (Use os tempos compostos.)

_____

_____

_____

c. O que você ainda terá de/quererá fazer? (Use os tempos compostos.)

_____

_____

_____

d. Agora imagine que voltou de Macau. O que você gostaria de ter feito mas não fez? Se você tivesse mais tempo ou dinheiro, o que teria feito? (Use os tempos compostos.)

_____

_____

_____

Depois de economizar e fazer mil planos, eu finalmente (46) _____ (chegar) sozinha, exatamente como (47) _____, (querer) em Portugal. (48) _____ (escrever) assim no meu diário de viagem :

Descobri rapidamente que (49) _____ (ser) apaixonada pelo Alentejo, mais especificamente a costa Vicentina. Penso que ainda guarda um encanto natural, sem o excesso de turismo do Algarve. Do Algarve, prefiro seu lado mais rústico e escolho a <u>região</u> de <u>Olhão</u>.

Perto da área onde morei por uns meses, Sintra continua a ter seu encanto, embora a quantidade de turistas (50) _____ (tornar) as ruas quase invisíveis. Valeu ir ao Palácio da Pena ontem, mas hoje só o andar pelas <u>ruas</u> (51) _____ (dar) uma <u>noção</u> de história muito engraçado. Percorrer de carro a costa de Lisboa a Cascais e seguir pela Serra é um passeio que recomendo a todos que (52) _____ (vir) para cá. Simplesmente amei.

Em Lisboa, o Museu do Azulejo, onde (53) _____ (estar) hoje, me fascinou. Também gosto do Bairro Alto de Lisboa, dos elétricos nas colinas e, claro, do Castelo, de onde se avista tanto Lisboa como o outro lado do rio. Eu, quando vou a Lisboa, chego ao Cais do Sodré e vou a pé (apesar de agora haver metrô para todo lado), (54) _____ (seguir) pela Rua dos Bacalhaus, que tem <u>lojas</u> que vendem partes específicas de <u>bacalhau</u>, (cabeça, lombo, rabo etc...). Há poucas dessas lojas hoje em dia, pelo que me dizem... Vou até a praça do comércio, e depois pela Rua Augusta, que tem o museu de arte e materiais... Viro para o elevador de Santa Justa, (55) _____ (subir) , (56) _____ (ver) o Rossio e (57) _____ (sair) no Bairro Alto.

Mas quem vai a Portugal tem de ir ao Porto, ver suas pontes, praças... E, se
(58) _____ (haver) tempo, deve percorrer o caminho do vinho do Porto, desde os campos das videiras até as caves...Tantas, tantas, tantas aldeias perdidas que
(59) _____ (se transportar) no tempo. Vou recomendar a meus amigos que (60) _____ (vir) e que (61) _____ (fazer) turismo de habitação, ou turismo rural; já existem muitas opções de excelente qualidade e vale a pena ficar num lugar onde os donos e os empregados têm sempre uma história para contar...

Deixei de fazer muita coisa em Portugal. Na próxima viagem ainda quero visitar a cidade de Óbidos, o mosteiro de Alcobaça, as ruínas de Conímbriga e o mercado de Barcelos.

a. Plural de região e noção. Escreva uma frase original com o plural de cada uma das palavras.

_____

_____

_____

b. Diminutivo de olhão, lojas, ruas. Escreva uma frase original com o diminutivo de cada palavra.

_____

_____

_____

c. Tem muitos pratos de bacalhau. Descubra pelo menos um prato, faça uma lista dos ingredientes e descreva o modo de preparar.

_____

_____

_____

d. Pense numa viagem que você fez e descreva um momento dessa viagem como se estivesse escrevendo um diário de viagem.

_____

_____

_____

e. Escolha um dos lugares ainda não visitados em Portugal, descubra onde fica e explique por que seria interessante visitar esse lugar.

_____

_____

_____

f. Quando viajamos, sempre encontramos alguém que nos conta alguma história. Transcreva uma dessas histórias.

_____

_____

_____

Voltar de Portugal me fez repensar o Brasil e me deixou ainda mais curiosa. Quero continuar me lançando em outros espaços que os portugueses nas suas viagens marítimas
(62) _____ (encontrar) e
(63) _____ (marcar).

(64) _____ (ir – use o futuro nessa lacuna e até número 69) primeiro para os Açores. Lá (65) _____ (visitar) a Ponta de Ferraria, perto de Ginetes, e as plantações de chá Gorreana e Porto Formoso, e depois (66) _____ (conhecer) o Parque Terra Nostra, em Furnas. Se der, (67) (68)_____ (ver) o vilarejo das Sete Cidades e a cratera vulcânica com os dois lagos de cores diferentes. Por fim, o Museu de Carlos Machado; eu sei que (69) _____ (valer) a pena!

Seria bom viajar com alguém que (70) _____ (ser) o meu braço direito. Meu irmão é um excelente viajante. Ele fala pelos cotovelos, mas é boa companhia. O problema é que ele
(71) _____ (trabalhar) demais, mas quando está (72) _____ (preposição) férias, ele (73) _____ (se divertir) e, ao mesmo tempo, é muito prestativo. Ele (74) _____ (acordar) cedo, (75) _____ (se barbear), (76) _____ (se vestir) com roupas (77)_____ (plural de confortável) e aí a gente (78) _____ (caminhar) meio sem rumo e sem hora para voltar.

Por ora tenho uma última viagem planejada: Goa. Estou tão distante de Goa, mas (79)_____ (sentir) que é um lugar que simplesmente tenho de visitar. Até as duas sílabas curtas (80) _____ (passear) na minha boca, e (81) _____ (saborear) o som da palavra como um primo distante me sorrindo com a porta aberta e me dizendo que venha...

Quero ver com meus próprios olhos as igrejas da Velha Goa e a Basílica de Bom Jesus, deitar na areia da praia de Calanguete e visitar os mercados de Anjuna e Mapusa. Espero que
(82) _____ (poder) visitar esses lugares em breve. Oxalá eu
(83) _____ (continuar) tendo essas experiências fantásticas e, quem sabe, meu irmão (84) _____ (viajar) comigo da próxima vez.

a. O que significa "o meu braço direito"? Crie uma frase original usando essa expressão.

b. O que significa "falar pelos cotovelos"? Crie uma frase original usando essa expressão.

c. Encontre no mapa pelo menos quatro dos lugares mencionados no itinerário de viagem que você acaba de ler. Descreva onde cada lugar se encontra – em que continente, em que país, se é perto do mar, por exemplo – e dê alguns detalhes sobre o lugar e o que se pode ver e fazer ali.

Retomando a leitura

12-2. Leia novamente os textos e responda às perguntas a seguir.

a. No texto "O entrelugar", Marguerite Itamar Harrison relata uma viagem feita de carro do Rio de Janeiro ao interior do Piauí, onde visitou o Parque Nacional da Serra da Capivara. Na viagem se passa algo muito curioso: a velocidade vertiginosa com que completou os primeiros trechos, do Rio a Recife e de Recife a Petrolina, sofre uma quebra abrupta, propiciando à viajante um ritmo extremamente mais lento, afeito a uma outra experiência de tempo e à contemplação. Em outras palavras, os buracos da estrada do Piauí expõem a autora à lógica das coisas feitas sem pressa, asa na qual repousa o mito, casa onde habita o tempo sem contratempo. Não é por acaso que a autora escolhe falar sobre o seu "oscilante sentido de pertencimento" justamente quando a viagem produz essa radical transformação, um desacelerar tão repentino que acaba dando a sensação de uma parada. É nesse lugar, ou melhor, nesse entrelugar, que Marguerite encontra questões decisivas: "ouvir completamente", "interpretar com humildade". Como você interpreta o contato da autora com o Parque Nacional da Serra da Capivara?

b. Pesquise sobre o Parque Nacional da Serra da Capivara, especialmente no site da Fundação Museu do Homem Americano, e depois releia o texto de Marguerite Harrison. Conhecer um pouco mais sobre o Parque Nacional da Serra da Capivara modifica sua interpretação do texto "O entrelugar"? Que relações você fez entre as informações que descobriu na página da Fundação e o texto de Marguerite Harrison?

c. O texto "A bola e o quadro: o futebol na sala de aula", de Bruno Carvalho, pode ser relacionado ao texto de Marguerite Harrison, porque de certa forma também trata da questão do entrelugar. Que passagens poderiam ser utilizadas para justificar essa comparação?

d. Qual sua opinião sobre a ideia, defendida por Bruno Carvalho, de que o pensamento crítico e o engajamento físico não precisam ser antitéticos?

e. No final da entrevista "Pé na estrada" Ivy Goulart comenta que quando chegou em Nova York teve a sensação de estar dentro de um filme. Que explicação o ator oferece para essa experiência? De que forma a sensação de "estar dentro de um filme" se relaciona com a vida de Ivy Goulart? Você já passou por uma experiência assim?

Diálogo

A arte no cotidiano

12-3. **Finalmente, chegou a sua vez! Escreva um diálogo ou vários minidiálogos nos quais você se encontre num dos países ou regiões de fala portuguesa.**

Vídeo

12-4. **Assista ao vídeo e responda às perguntas a seguir.**

a. O que os monólogos propiciaram a Numa Ciro?

b. Qual a relação de Numa Ciro com o movimento punk?

c. Como foi a participação de Numa na edição ao vivo da Errática, dirigida por Eucanaã Ferraz?

d. Por que Numa quer manter-se como artista *underground*?

e. Como Numa se define como artista? Por que ela afirma que não pensa dentro das fronteiras? Responda a essas questões relacionando-as às seguintes declarações da artista:

1) "Eu estou sempre andando em cordas bambas."
2) "A minha casa é o mundo."

Chamada para a escrita

12-5. Dentre as várias opções a seguir, escolha e desenvolva uma delas.

a. Você já viveu ou vive a experiência do entrelugar? Escreva um relato que também seja uma espécie de entrelugar, oscilando entre a autobiografia e a ficção.

b. Partindo de um dito popular, crie uma série de slogans a serem inscritos em objetos ready-made.

c. A partir de canções e poemas de sua predileção, produza um autorretrato falado. Utilize a terceira pessoa do singular, para que o texto possa ser utilizado como a apresentação de seu portfólio.

d. Um conto automático. Posicione-se confortavelmente e prepare-se para escrever com papel e caneta. Escreva o que lhe vier à cabeça, em prosa corrida, durante 10 minutos. Quando o cronômetro sinalizar o término do tempo, abandone a escrita, mesmo que você esteja no meio de uma frase. Transcreva o conto e o imprima. Dê um título à história. Imprima-a e ofereça-a a um de seus colegas, que terá a liberdade de editá-la da maneira que quiser, antes de devolvê-la a você. Esse exercício tem por base a técnica surrealista da escrita automática.

e. Faça uma roda com seus colegas para discutir o impacto da arte na vida contemporânea. Após a discussão, produza um fragmento a partir de um dos fragmentos que se encontram nessa unidade do livro-texto. Escreva sua resposta em um cartão, que será exposto em um varal. No outro lado do cartão, transcreva sua resposta à questão 12-5 (livro-texto, p. 232).